TASCHEN
est. 1980

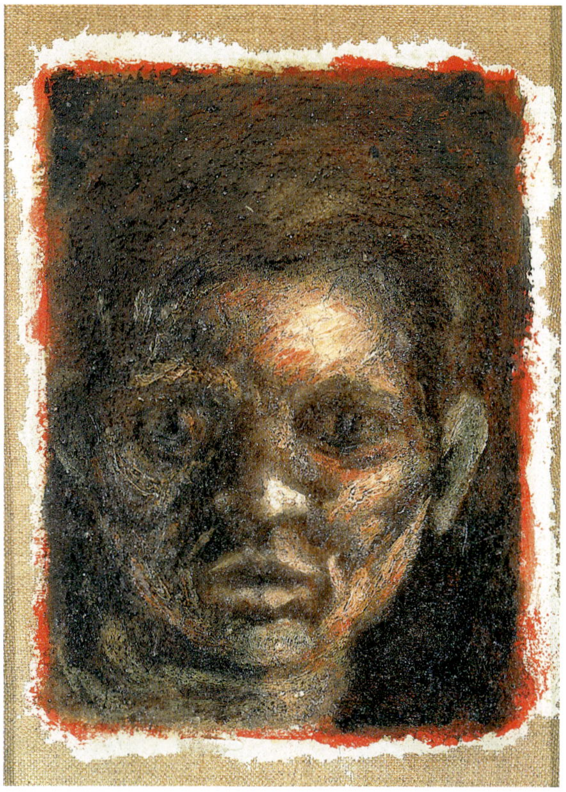

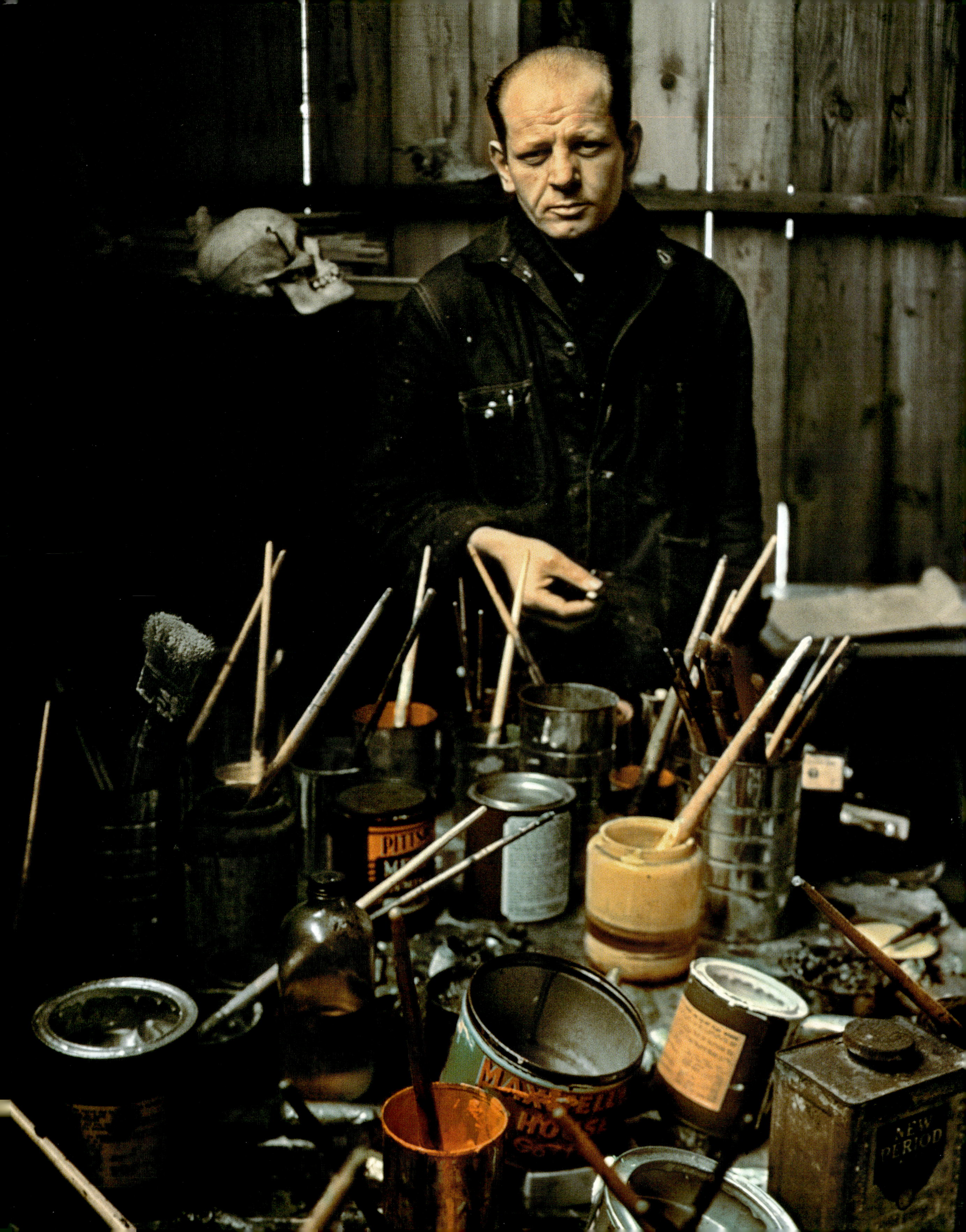
NEW PERIOD

Leonhard Emmerling

Jackson Pollock

1912–1956

A la limite de la peinture

TASCHEN

HONG KONG KÖLN LONDON LOS ANGELES MADRID PARIS TOKYO

ILLUSTRATION PAGE 1 :
Untitled (Autoportrait), 1930–1933
Huile sur plâtre, sur toile,
sur panneau de fibres, 18,4 x 13,3 cm
The Pollock-Krasner Foundation, Inc.
Courtesy Joan T. Washburn Gallery, New York

ILLUSTRATION PAGE 2 :
Jackson Pollock dans son atelier à The Springs,
East Hampton Long Island, 1949
Photographie : © Arnold Newman / Getty Images

Si vous souhaitez être informé des prochaines parutions TASCHEN, abonnez-vous gratuitement à notre magazine en vous connectant sur www.taschen.com/magazine ou en écrivant à TASCHEN, 82 rue Mazarine, F-75006 Paris, France, contact-f@taschen.com, Fax : +33-1-43 26 73 80. Nous nous ferons un plaisir de vous envoyer à domicile notre magazine avec l'information sur tous nos ouvrages.

Hohenzollernring 53, D–50672 Köln
www.taschen.com

Traduction française : Michèle Schreyer, Cologne
Coordination éditoriale : Juliane Steinbrecher, Cologne
Composition et rédaction : Daniela Kumor, Cologne
Design de la couverture : Sense/Net, Andy Disl et Birgit Eichwede, Cologne

Printed in China
ISBN 978-3-8365-1275-6

Sommaire

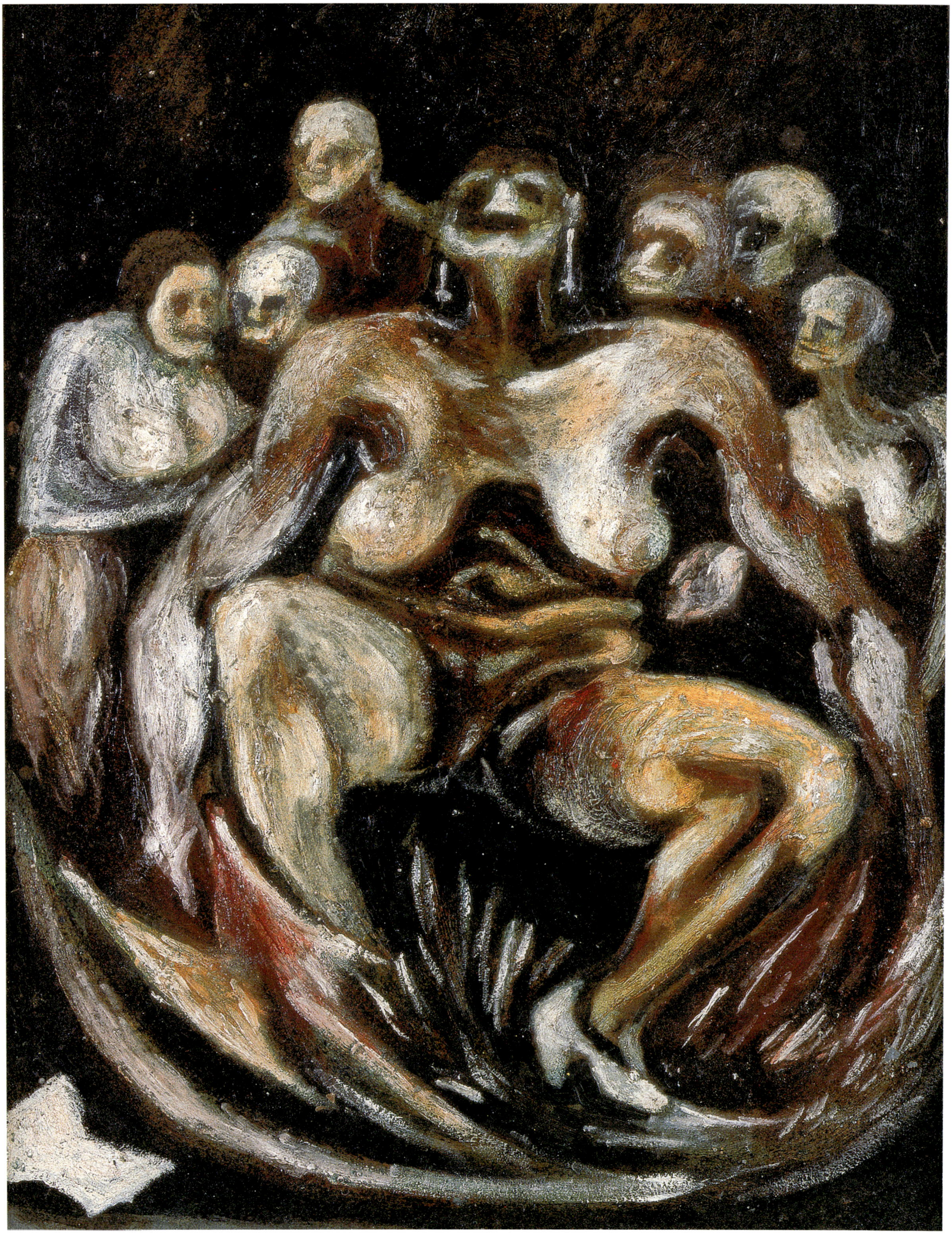

« … un artiste d'un certain genre … »

Un homme se dresse, silhouette noire devant une surface vide, grise, nébuleuse posée contre un mur (illustration à droite). Ses bras pendent le long de son corps, et bien que ses yeux ne soient pas visibles son regard est manifestement dirigé vers la caméra. Depuis plus de six mois, cet homme se bat pour peindre le tableau monumental qu'une riche collectionneuse lui a commandé pour l'entrée de sa maison. La toile qui mesure plus de six mètres sur près de deux mètres et demi se trouve dans son appartement new-yorkais, et il a même fallu abattre un mur pour lui faire de la place.

Maintenant, peu après Noël 1943, il ne lui est plus possible de différer encore la réalisation du tableau. La collectionneuse prévoit de donner une fête et la toile doit absolument être achevée à cette occasion. C'est ainsi que, en l'espace d'une seule nuit et d'un seul jour, soumis à une pression énorme, l'homme achève *Mural* (illustration pages 8–9), une toile dont on a dit qu'elle marque l'un des tournants de l'art du 20e siècle.

Il nous semble distinguer dans l'enchevêtrement de lignes et de couleurs des formes humaines allongées qui se dissipent à peine les a-t-on identifiées ; le regard glisse d'un repère pictural à l'autre sans vraiment trouver le repos. Des lignes noires accentuées de jaune et de vert se rejoignent, sans vraiment laisser apparaître des contours mais sans non plus se fondre l'une dans l'autre. Après plusieurs lectures, il nous semble distinguer une tête, un corps et des pieds, le sol. Mais toute certitude se perd à la « lecture » suivante. Ne subsistent que l'impression d'un rythme clair, d'une organisation radicale et absolument sûre de la composition qui n'indique pourtant aucun centre mais octroie une valeur égale à toutes les parties du tableau, générant ainsi une impression d'infini.

Dans l'œuvre de l'artiste américain Jackson Pollock, aucun tableau n'a préparé cette toile commandée par Peggy Guggenheim. Des peintures réalisées plus tôt comme *Untitled (Overall Composition)* de 1934–1938 (illustration page 10) ou *The Flame* (vers 1934–1938 ; illustration page 11) font l'effet d'études ou sont trop attachées au sujet figuratif. C'est ainsi que l'agitation de *The Flame* est due à l'effort fourni par le peintre pour reproduire le mouvement d'une flamme.

Mural est remarquable à bien des égards. Il s'agit en effet de la première œuvre de Pollock qui ignore la dimension humaine tout en étant conçue pour être regardée de près. Des toiles monumentales comme les *Nymphéas* de Monet obligent le spectateur à prendre du recul et demandent à être regardées de loin. A

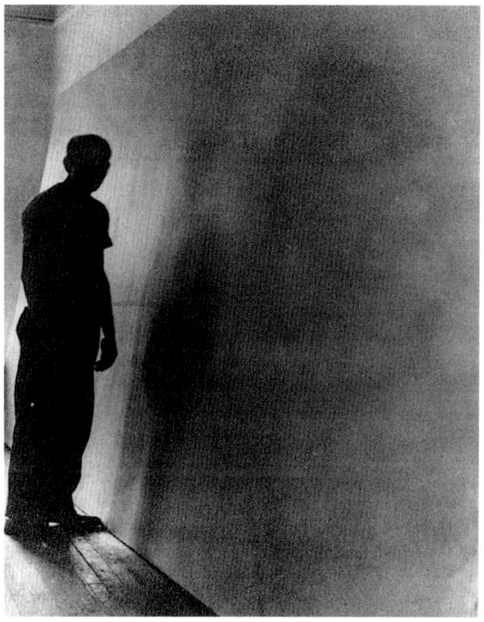

Jackson Pollock dans son appartement, au 46 East 8th Street, New York avec la toile vide de *Mural*, 1943
Photographie : Bernard Schardt
© Archives of American Art, Smithsonian Institution

Untitled (Woman), 1935–1938
Huile sur panneau de fibres, 35,8 x 26,6 cm
Kagoshima City (Japon), Nagashima Museum

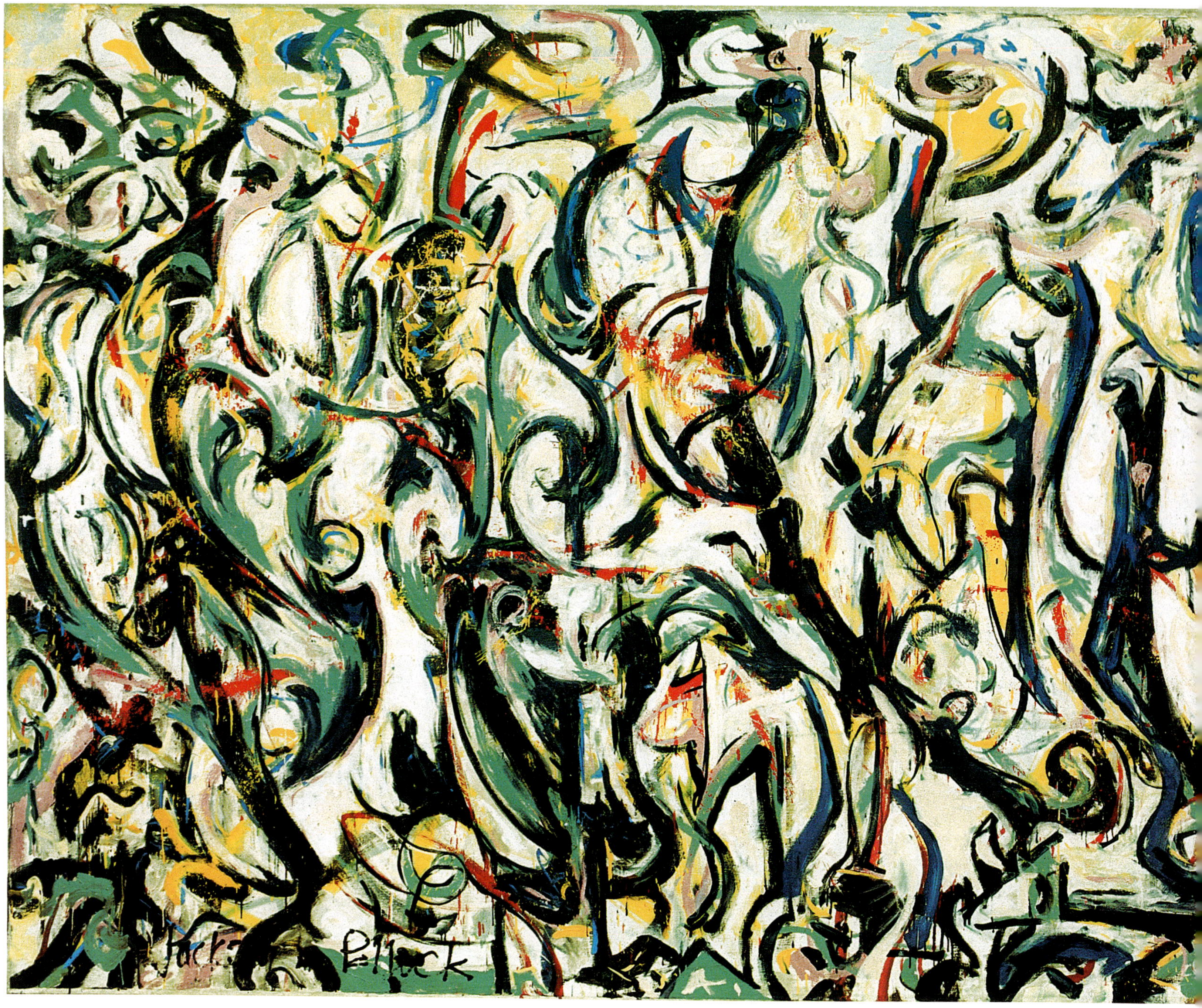

Mural, 1943/44
Huile sur toile, 247 x 605 cm
Iowa City, IA, The University of Iowa Museum of Art. Gift of Peggy Guggenheim

Mural peut être considéré comme l'un des tournants décisifs dans l'œuvre de Jackson Pollock. Il abandonne en effet ici la figuration pour se tourner ver l'abstraction gestuelle-linéaire des années 1947 à 1951.

l'instar des impressionnistes et des pointillistes et divisionnistes qui les suivront, Monet exige que le spectateur se tienne à distance, le motif et l'ensemble de la toile ne pouvant être perçus que lorsque les traits de pinceau et les accents colorés se sont fondus. Ce n'est pas le cas du *Mural* de Pollock, qui demande à être contemplé de près. Prendre du recul permet de saisir l'ensemble du tableau sans toutefois apporter d'informations complémentaires

En même temps, la photographie aidant – plus tard, ce sera le film –, c'est la première œuvre de Pollock dans laquelle apparaît le mythe de l'artiste génial et solitaire, réagissant à son tour sur le rayonnement de l'œuvre. Il n'existe pas de rapports contredisant la genèse de *Mural* – il semble vraiment que Pollock l'ait créé en l'espace d'une nuit et d'un jour –, mais à partir de maintenant la photographie et le cinéma vont contribuer de manière déterminante à construire l'image de l'artiste travaillant intuitivement, ouvrant en quelque sorte la mémoire de son corps et son inconscient. L'image de l'artiste solitaire, vide et semblable à unc ombre se dressant devant l'œuvre trop puissante dont il doit venir

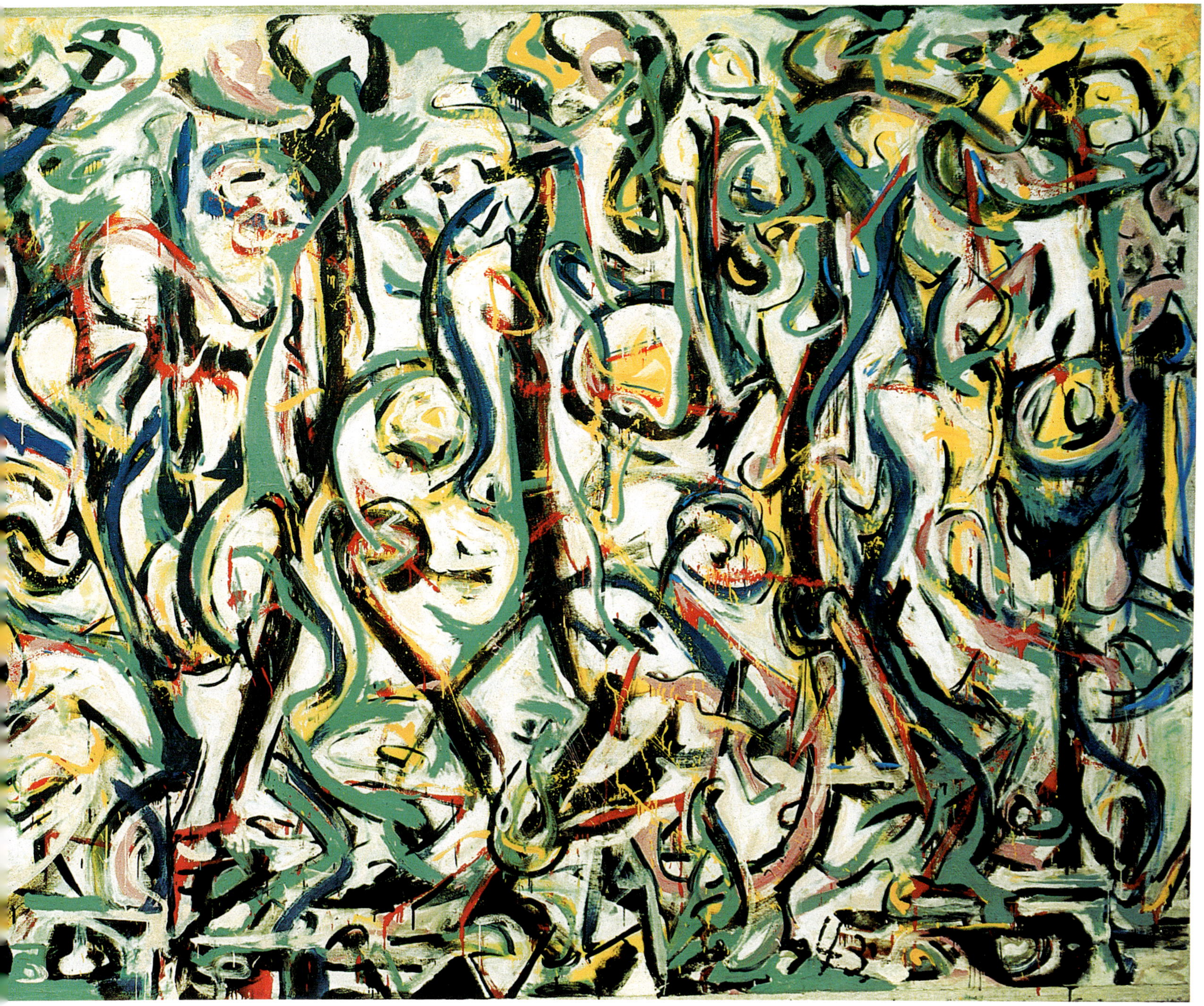

absolument à bout devient le symbole de l'artiste dont le travail est facteur de risque.

Avec *Mural*, Jackson Pollock qui n'est jusqu'ici qu'un peintre de province inconnu et tente de devenir célèbre à New York, est propulsé au sommet de l'art international contemporain. Kirk Varnedoe écrit : « … Soudain en janvier, quand il lâcha son pinceau, après avoir passé des heures dans un état de concentration extrême, à l'agiter au-dessus des vingt pieds de *Mural* et à peindre aussi haut du sol qu'il pouvait s'étirer, cet homme se trouva seul au sommet de sa classe, et pas seulement à New York, mais sur le plan international. […] Au cours de ce sombre hiver, rien, nulle part, ne fut créé dans le monde tourmenté par la guerre, qui ait une force et une originalité comparables. »

Paul Jackson Pollock naît le 28 janvier 1912 à Cody, une petite ville du Wyoming. Il a quatre frères plus âgés que lui. La situation familiale est compliquée – de nombreux changements de domicile, un père absent de plus en plus souvent et une mère autoritaire laisseront sur lui une empreinte profonde.

Pendant les vacances d'été, l'adolescent et son grand frère Sanford travaillent comme assistants topographes dans le Grand Canyon. C'est à cette occasion que Pollock découvre son penchant pour l'alcool. Les problèmes psychiques dus à l'absence du père et au caractère dominateur de la mère aggraveront son alcoolisme, qui résulte sans doute aussi d'une intolérance physique, et l'amèneront à faire divers séjours dans des cliniques psychiatriques et à tenter plusieurs thérapies. C'est aussi l'alcool qui causera la mort de Jackson Pollock : durant la nuit du 11 août 1956, il perdra le contrôle de son véhicule et s'écrasera contre un arbre, entraînant avec lui Edith Metzger, une amie de sa compagne de l'époque Ruth Kligman qui survivra à l'accident.

Pollock sera renvoyé plusieurs fois de l'école car il accepte mal de se plier à l'autorité de ses professeurs. En 1928, la famille s'établit à Los Angeles et il suit les cours de la Manual Arts High School. Ici aussi, il a des difficultés à s'intégrer – ses allures de dandy déconcertent ses camarades. Pourtant, son professeur d'enseignement artistique, Frederick John de St. Vrain Schwankovsky l'emmène à des conférences de Krishnamurti, dont la société théosophique a déclaré qu'il était le nouveau Messie, et qui attirent des milliers de personnes. En mai 1929, Pollock et Schwankovsky assistent à un séminaire de Krishnamurti dans un camp à Ojai en Californie. Pendant une semaine, ils écouteront avec ferveur les discours quoti-

Untitled (Overall Composition), vers 1934–1938
Huile sur toile, 38,1 x 50,8 cm
Houston, TX, The Museum of Fine Arts;
Museum purchase

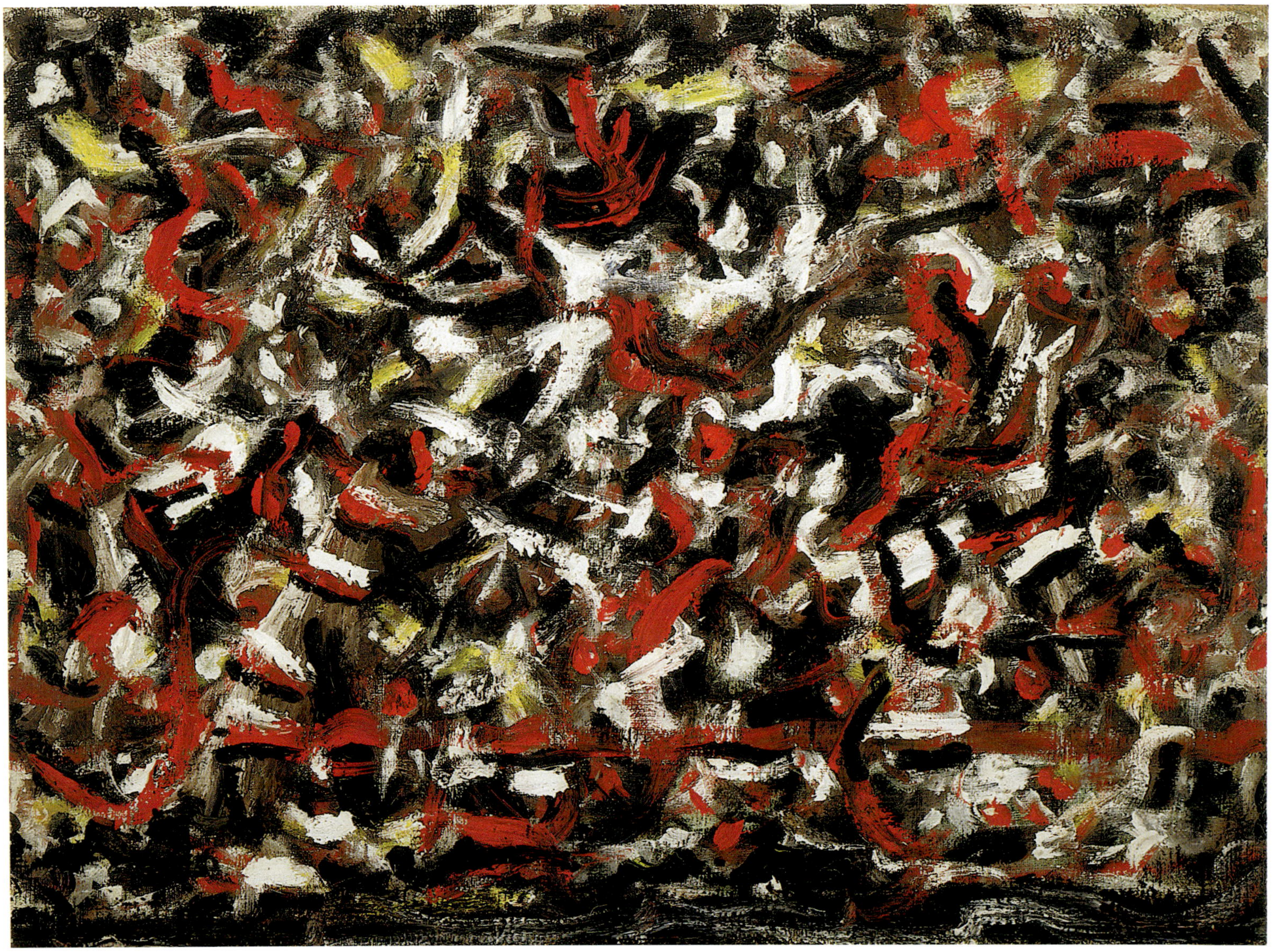

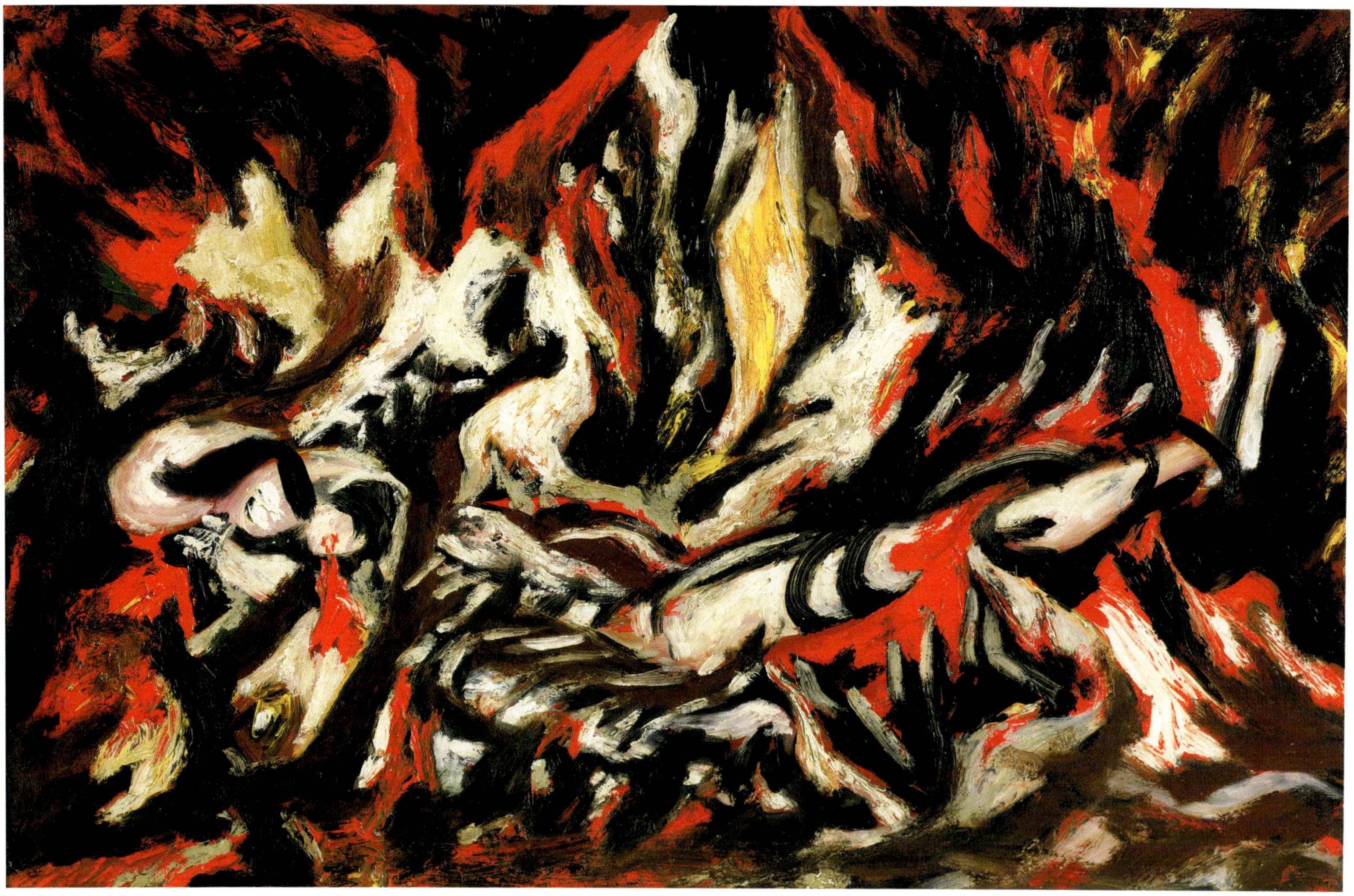

diens de l'initié. Des années plus tard, Pollock rapportera que la pensée théosophique l'a fortement marqué.

Par la suite, non seulement Pollock garde ses contacts avec les associations théosophiques mais il se met à fréquenter les cercles communistes de la ville. C'est sans doute ici que, pour la première fois, il se familiarise avec l'idée que l'avant-garde artistique et les radicaux devraient faire cause commune. De cette époque date aussi son intérêt pour l'œuvre des muralistes mexicains José Clemente Orozco (1883–1949), Diego Rivera (1886–1957) et David Alfaro Siqueiros (1896–1974), qui demandaient une fonction politique sans équivoque de l'art. L'année suivante, à la Manual Arts High School, Pollock tente d'apprendre à dessiner et à sculpter auprès de Schwankovsky et du sculpteur Harold Lehmann – sans succès. Il écrit à son frère Charles : « … mon dessin est complètement raté, je te l'avoue franchement, il semble manquer de liberté et de rythme, il est froid et inanimé. Il ne vaut même pas le prix du port pour l'envoyer… J'ai bien le sentiment de devenir un jour un artiste d'un certain genre, mais je n'ai encore jamais prouvé à moi ou à quiconque que j'en suis capable. »

Charles (1902–1988), l'aîné des frères Pollock avait décidé comme Sanford (Sande) LeRoy (1909–1963), le quatrième né, de devenir artiste. Charles était déjà parti en 1921 à Los Angeles où il étudia à la Otis Art Institute avant de s'inscrire en 1926 à la Art Students League de New York. Quant à Frank (1907–1994), le troisième, il s'était installé en 1928 à New York. Quand Charles et Frank viennent à Los Angeles en juin 1930, ils emmènent Jackson en Californie, au Pomona College de Claremont, voir la peinture murale d'Orozco *Prometheus*.

The Flame, vers 1934–1938
Huile sur toile montée sur contreplaqué, 51,1 x 76,2 cm
New York, The Museum of Modern Art, Enid A. Haupt Fund

Par certains traits, *The Flame* indique déjà l'abstraction gestuelle-linéaire à venir. Ici cependant, le mouvement de la ligne est encore motivé par l'intention de rendre l'agitation de la flamme et de montrer le feu qui serpente.

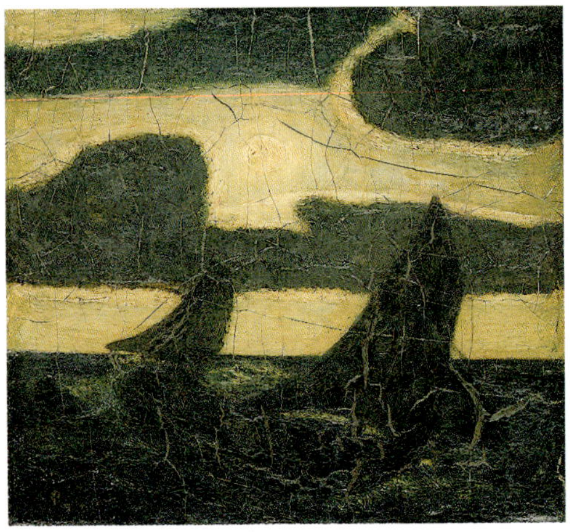

Albert Pinkham Ryder
Moonlight Marine, n.d.
Huile sur bois, 29,2 x 30,5 cm
New York, The Metropolitan Museum of Art, Samuel D. Lee Fund, 1934 (34.55)

Charles, qui remarque que son jeune frère boit et sombre de plus en plus dans la dépression, lui propose de partir avec lui et Frank à New York. Jackson accepte et suit d'abord des cours de sculpture à la Greenwich House puis à la Art Students League auprès du peintre Thomas Hart Benton (1889–1975) qui est également le professeur de Charles.

Benton, un représentant du mouvement régionaliste américain, rejette avec véhémence les modernismes européens et surtout le cubisme, préférant s'orienter sur des modèles tels que El Greco, Tintoret ou Rubens. Ayant séjourné à Paris, Benton est aussi bien au fait des développements dans la peinture européenne qu'il l'est, de par son amitié avec le synchroniste Stanton Macdonald-Wright (1890–1973), des expériences américaines de peinture abstraite visant à des harmonies de couleur. Sans tomber dans un provincialisme chauviniste, il se concentre sur une peinture qui marie une formulation vigoureuse des valeurs plastiques avec des thèmes du mythe américain de la Frontière mais aussi de la vie des Indiens d'Amérique.

L'intérêt qu'il porte à une peinture « héroïque » le mène à réaliser des compositions qui semblent sèches et physiques (*The Ballad of the Jealous Lover of Lone Green Valley* ; illustration page 14, en haut) et à s'orienter sur des modèles comme Lucca Signorelli. Depuis 1919, Benton connaît aussi les expériences des artistes Erhard Schön (1491–1542), un élève d'Albrecht Dürer, et Luca Cambiaso (1527–1585), qui ont travaillé à un démantèlement cubique de figures, pour représenter correctement des attitudes et des mouvements. Pollock s'intéressera aussi jusqu'à la fin des années 1930 – ses carnets de croquis en font foi – à cette forme de représentation des figures (*Untitled*, 1933–1938 ; illustration page 14, en bas).

Benton se lie d'amitié avec le jeune Pollock qui irrite ses camarades de classe par l'attitude qu'il affiche, mélange de dandy et de cow-boy. Pourtant le professeur cultive lui-même une certaine rudesse d'apparence. Il voit probablement aussi en Pollock, en raison de l'origine de celui-ci, un représentant de l'Ouest américain qu'il glorifie dans ses tableaux. Cet intérêt que lui porte Benton renforce encore le côté macho de Pollock qui apparaît maintenant en ville en bottes de cow-boy et chapeau Stetson. Les talents de Pollock pour l'art et le dessin ne jouent sans doute aucun rôle ici. Un de ses camarades de classe constatera d'ailleurs, sarcastique, que Pollock dessine si mal qu'il ferait mieux de jouer au tennis ou de travailler comme plombier. Quant à l'état d'esprit de Pollock à cette époque, l'une de ses premières œuvres connues, un autoportrait, à dater entre 1930 et 1933 (illustration page 1) nous en donne une idée. C'est à peine si l'on reconnaît le jeune artiste qui compte alors une vingtaine d'années. Devant un arrière-plan sombre, de grands yeux nous regardent dans un visage torturé, ni masculin ni féminin, à la fois enfantin et artificiellement vieilli.

A l'époque où Pollock peint son portrait, il est très impressionné par un marginal de la peinture américaine, Albert Pinkham Ryder (1847–1917), qui après avoir reçu une formation académique travaillera à partir du changement de siècle jusqu'à sa mort dans une solitude complète. Le *T. P.'s Boat in Menemsha Pond* (illustration page 13) peint par Pollock en 1934 s'oriente sans aucun doute sur les marines de Ryder (illustration page 12), alors que les lithographies et tableaux *Lone Rider* (vers 1934/35) et *Landscape with Rider II* (1933) ou *Going West* (vers 1934–1938 ; illustration page 15) trahissent l'influence de son professeur : l'agencement pictural centrifuge, le motif anecdotique et en même temps exagéré sur le plan expressif, la déformation des motifs, la tentative d'atteindre une plasticité sèche et musclée – tout ceci montre clairement l'empreinte de Thomas Hart Benton.

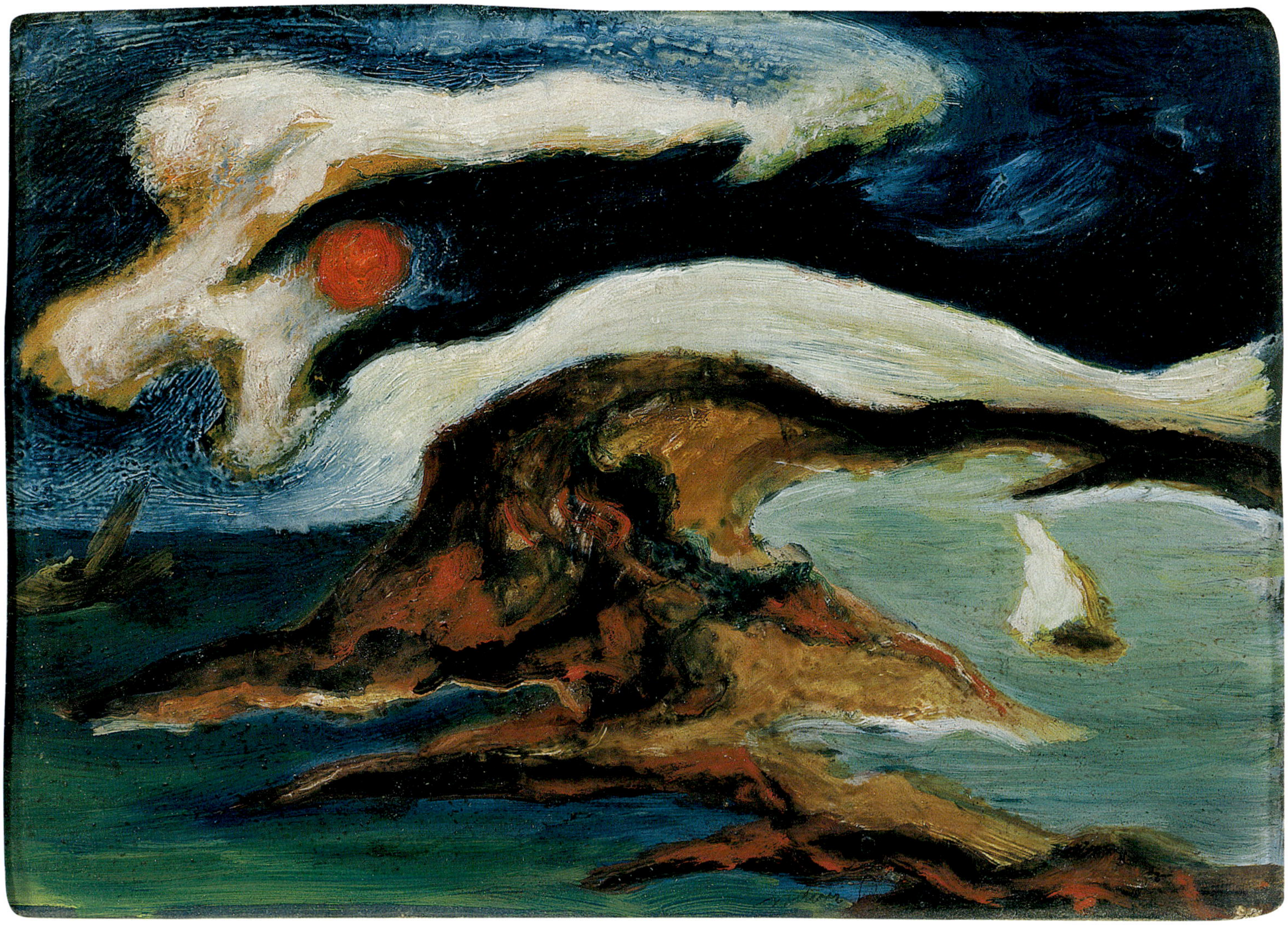

Pollock voyage sans cesse dans l'Ouest des Etats-Unis à la recherche de motifs. Il décrit dans ses lettres les aventures qui lui arrivent : les nuits en prison, les soirées passées à regarder les Noirs jouer au poker, les rencontres avec les prostituées. On peut supposer que le portrait de femme *Untitled (Woman ;* vers 1935–1938 ; illustration page 6), est le fruit d'une telle rencontre. Entourée d'un groupe inquiétant de personnages chauves et nains qui semblent sortir de l'obscurité derrière elle, la femme est accroupie, les jambes écartées au milieu du tableau, le regard dirigé vers le haut. Elle ne porte que des chaussures à hauts talons et des boucles d'oreille. Elle va chercher sous elle, de ses bras vigoureux, presque masculins, quelque chose qui pourrait être une sorte de plaid ou de l'herbe. L'aspect déplaisant de la représentation, l'obscénité sous-jacente de la scène et l'exagération de la femme qui prend des airs d'idole peuvent tout simplement être liés à la relation existant entre Pollock et sa mère. Ses rapports avec celle-ci, une femme très protectrice qui couve particulièrement le plus jeune de ses fils, sont caractérisés par un amour teinté de haine. Dans une lettre à Charles, son frère Sanford met les problèmes psychiques de Jackson sur le compte de cette relation mère-fils. Usant d'un vocabulaire étrangement distancié, comme s'il ne s'agissait pas de sa propre famille, il écrit : « Jackson souffre d'une névrose marquée. Le fait qu'il redevienne normal et autonome dépend de nombreux facteurs subtils et d'autres évidents. Comme une partie de ses difficultés (peut-être même une grande partie) est due aux relations de son enfance, spécialement

T. P.'s Boat in Menemsha Pond, vers 1934
Huile sur métal, 11,7 x 16,2 cm
New Britain, CT, New Britain Museum of American Art. Gift of Thomas P. Benton

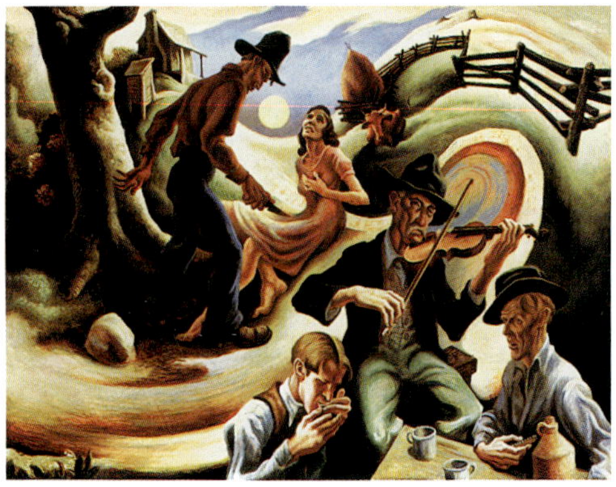

Thomas Hart Benton
The Ballad of the Jealous Lover of Lone Green Valley, 1934
Détrempe et huile sur toile, transféré sur aluminium, 106,7 x 134,6 cm
Lawrence, KS, University of Kansas, Collection of the Spencer Museum of Art

Untitled, 1933–1938
Mine de plomb et crayon de couleur sur papier, 45,7 x 30,5 cm
The Pollock-Krasner Foundation, Inc., New York

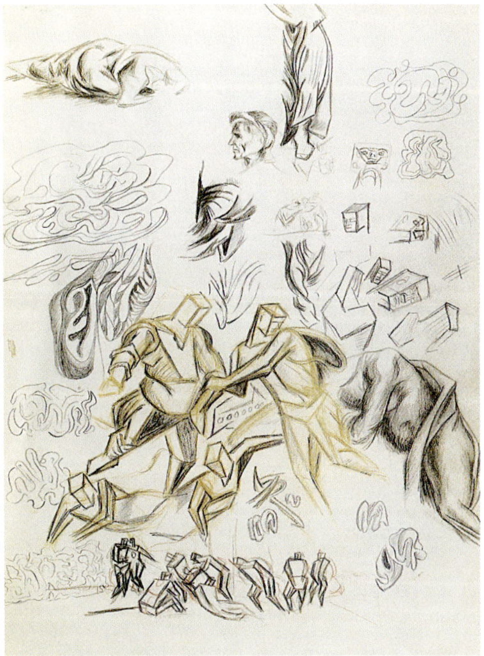

envers sa mère en particulier et sa famille en général, la voir maintenant serait extrêmement éprouvant pour lui et pourrait avoir des conséquences catastrophiques. » En 1956 encore, Pollock souligne combien il exècre sa mère, la nommant « une vieille femme avec une tombe intégrée ».

On retrouve cette accentuation du corps musclé dans d'autres représentations de femmes de cette époque. Elle est probablement due à l'influence des nus du muraliste mexicain David Alfaro Siqueiros. Siqueiros et José Clemente Orozco font partie des artistes engagés les plus importants de l'époque. Siqueiros a dû quitter le Mexique en 1932 à cause de ses convictions politiques et s'est installé à Los Angeles. Il réalisera dans le Italian Hall de la Olvera Street la monumentale peinture murale *La America Tropical* dans laquelle il stigmatise l'oppression que font subir les Etats-Unis à l'Amérique Latine (un an après son achèvement, l'œuvre aura déjà disparu sous une couche de chaux et ne sera redécouverte qu'au cours des années 60). Pollock la connaissait certainement, vu que son frère Sanford travaillait de temps en temps comme assistant de Siqueiros à Los Angeles.

Quand celui-ci vient à New York en 1936, Pollock participe à l'un de ses workshops. Néanmoins, l'importance de Siqueiros pour le développement futur de Pollock est beaucoup plus importante sur le plan technique que sur le plan stylistique ou iconographique. Le peintre mexicain encourage les participants du workshop à utiliser des peintures et des vernis industriels et à y incorporer du sable ainsi que d'autres matériaux pour animer la surface picturale. D'ailleurs, ce qui deviendra la technique favorite de Pollock et lui vaudra le petit nom de « Jack the Dripper » – secouer et faire couler la peinture – trouvait aussi l'approbation de Siqueiros. En tant que « hasard contrôlé », cette nouvelle méthode devait aider à trouver des solutions figuratives plus originales. Néanmoins plus encore que Siqueiros, Pollock admire Orozco qui vivra de 1927 à 1934 aux Etats-Unis. En automne 1930, Orozco travaille à un cycle de peintures murales à la New School for Social Research de New York où Benton réalise lui aussi des fresques. En 1936, Pollock se rend avec des amis dans le New Hampshire où Orozco a travaillé entre 1932 et 1934 au cycle *The Epic of American Civilization* au Dartmouth College de Hanover.

A côté de l'influence directe qu'auront sur lui les œuvres des muralistes mexicains, il faut souligner l'importance que l'idée de la peinture murale elle-même a pour l'art de Pollock. Non seulement le tableau destiné à Peggy Guggenheim et déjà cité ci-dessus sera intitulé Mural bien qu'il s'agisse d'une toile ; non seulement il travaillera, dans le cadre de la Works Progress Administration (WPA), fondée par le président Roosevelt pour procurer des emplois aux artistes connaissant des difficultés financières, à la Mural Division avant de rejoindre la section de peinture sur chevalet ; mais la peinture murale elle-même apparaît à Pollock comme le médium de l'avenir. C'est ainsi qu'il écrit en 1947 sur sa demande de bourse à la fondation Guggenheim : « Je pense que le tableau de chevalet est une forme en voie de disparition et que la tendance moderne va vers le tableau mural. Je pense cependant que l'époque n'est pas encore mûre pour une transition totale du tableau de chevalet au tableau mural. Les tableaux que je compte peindre se situeront à mi-chemin des deux formes, ils donneront la direction de l'avenir sans y arriver complètement. »

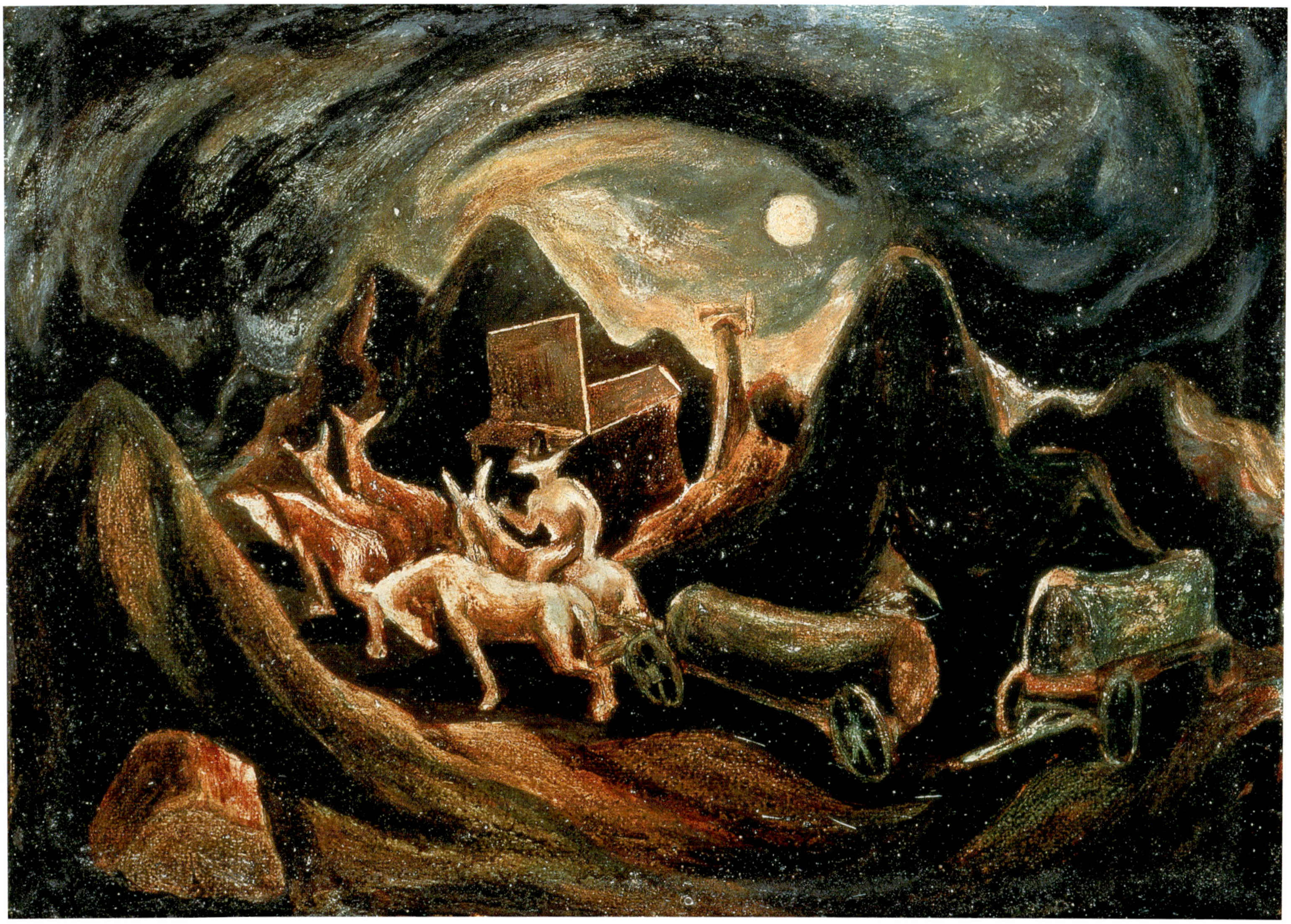

Going West, vers 1934/35
Huile sur plâtre sur toile, 38,3 x 52,7 cm
Washington, DC, National Museum, Smithsonian Institution.
Gift of Thomas Hart Benton

Going West fait partie des tableaux dans lesquels Pollock marie des thèmes typiquement américains comme la conquête de l'Ouest et le cow-boy solitaire avec les expériences personnelles qu'il a faites en voyageant dans l'Ouest américain.

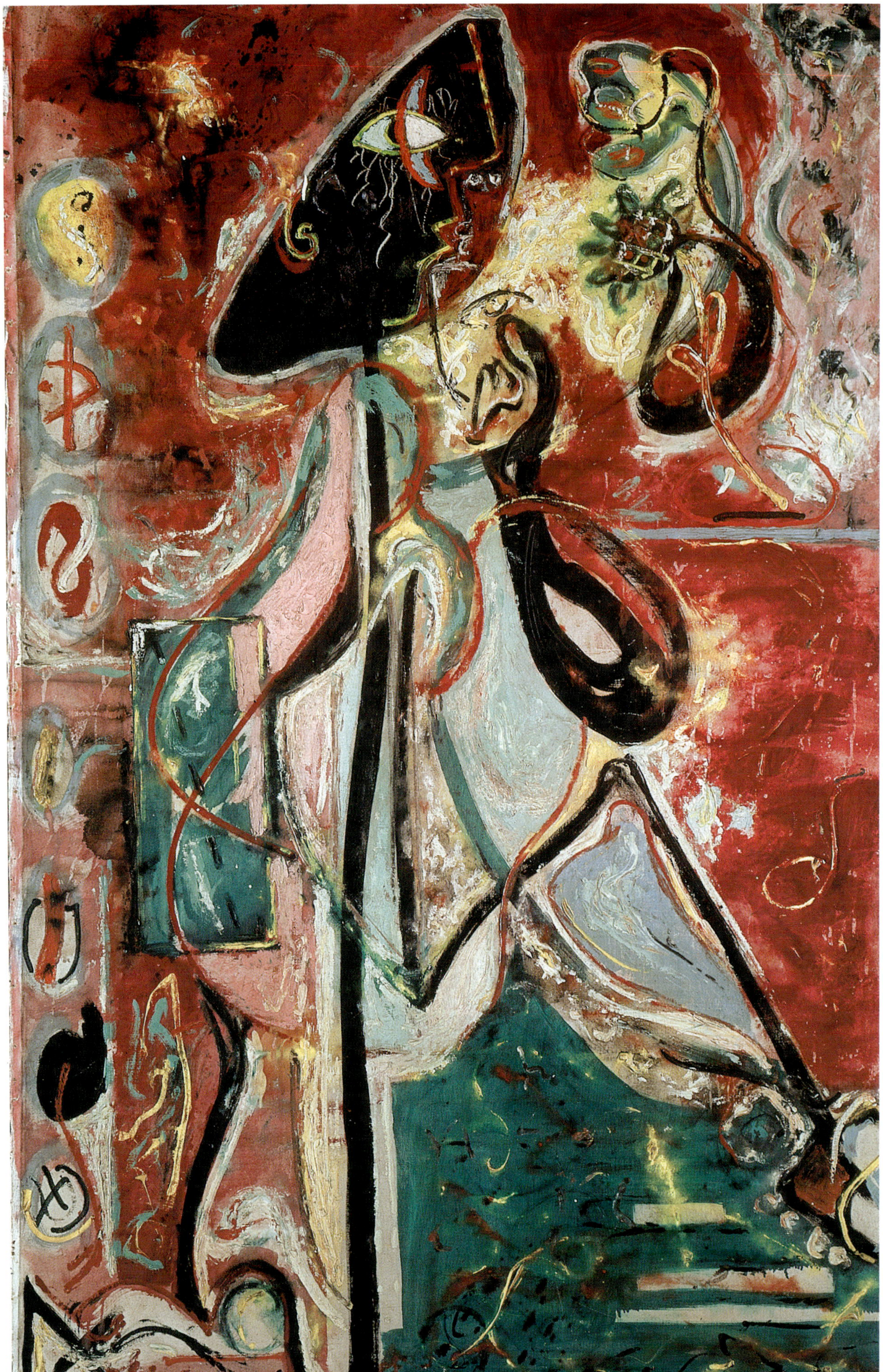

Modèles et influences

Les problèmes d'alcoolisme de Pollock l'obligent à passer quatre mois dans un hôpital psychiatrique au tournant de 1937/1938. En janvier 1937, il commence sa première analyse chez le psychiatre Joseph L. Henderson, un disciple du psychanalyste suisse Carl Gustav Jung (1875–1961), qui contrairement à son maître Sigmund Freud dont les enseignements ont influencé les surréalistes français, ne voyait pas seulement dans l'inconscient tout ce que l'homme a refoulé, mais supposait l'existence d'un inconscient collectif qui s'exprime par des archétypes, des thèmes communs à tous les êtres humains et dont il s'agit de décrypter les contenus.

Pollock étant incapable de parler de ses problèmes, il apporte aux séances, quelque temps plus tard, des pages de son carnet de croquis et les offre à Henderson. Ces feuilles deviendront célèbres sous le nom de « Dessins psychanalytiques », ce qui pourrait porter à croire qu'ils ont été réalisés pendant les séances ce qui n'est absolument pas le cas. En fait, ils sont si différents sur le plan de la forme et du contenu que le seul élément commun qui ait permis de les regrouper vient du fait qu'ils appartiennent à Henderson.

A cette époque, l'influence d'Orozco est généralement prépondérante dans l'œuvre de Pollock. Dans le croquis *Untitled* (illustration à droite) appartenant à Henderson, on distingue nettement l'effet immédiat sur l'artiste des peintures murales de Hanover. Dans le *Gods of the Modern World* (illustration page 18) d'Orozco, des squelettes vêtus de toges entourent un squelette qui gît devant eux et de l'intérieur duquel un savant retire un fœtus lui aussi squelettique. Des livres et des bocaux contenant des organes soulignent le message de la fresque qui veut montrer l'esprit corrompu du froid savoir occidental et les conséquences désastreuses de la colonisation.

On retrouve le motif du squelette dans le croquis de Pollock, dominé cette fois par une constellation à deux figures difficile à déchiffrer, composée de formes concaves et convexes qui se rejoignent au niveau de la tête. Le travail de Pollock peut aussi être mis en relation avec l'huile *Untitled (Woman with Skeleton)* de 1938–1941 (illustration page 19).

On retrouve l'aspect radical du travail d'Orozco et son accentuation michelangelesque de la musculature telle que l'illustre la peinture préparatoire de *The Two Natures of Man,* dans *Untitled (Naked Man with Knife;* illustration page 20), réalisée par Pollock vers 1938–1941 et qui montre un enchevêtrement de formes

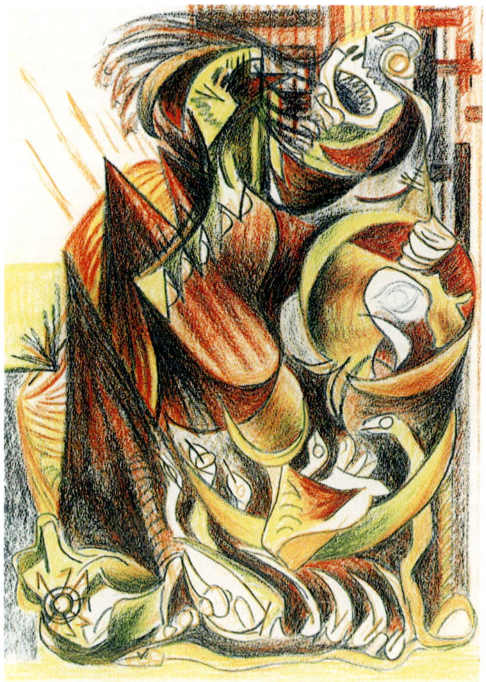

Untitled, 1938/39
Crayon de couleur sur papier, 38,1 x 28 cm
Carmichael, CA, Collection Mr. & Mrs. Aichele

The Moon-Woman, 1942
Huile sur toile, 175,2 x 109,3 cm
Venise, Collection Peggy Guggenheim.
Solomon R. Guggenheim Foundation, New York

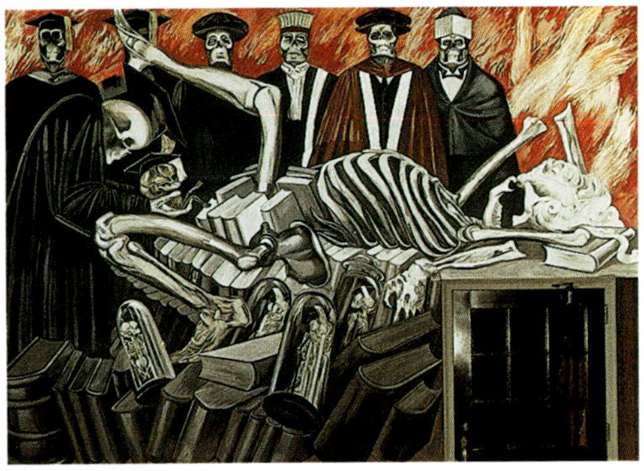

José Clemente Orozco
Gods of the Modern World, panneau 12, de ***The Epic of American Civilization***, 1932–1934
Peinture murale
Hanover, NH, Commissioned by the Trustees of Dartmouth College

prismatiques et circulaires remplissant le champ pictural. A droite, près du bord, on distingue la silhouette d'un homme qui tient un poignard à deux mains et s'apprête à le planter dans le corps de ses victimes. Celles-ci sont manifestement plusieurs êtres humains dont on ne reconnaît que des mains, des bras et des cuisses accrochés l'un à l'autre. L'impression de force et de violence est renforcée par les formes oscillantes, l'aspect pointu du poignard et par la répétition de ses contours triangulaires dans la partie inférieure du tableau.

En ce qui concerne les dessins appartenant à Henderson, de nombreux débats ont tenté d'éclairer dans quelle mesure Pollock se référait consciemment aux contenus de la méthode jungienne et les représentait en quelque sorte. Cependant, il n'existe qu'un dessin, d'ailleurs perdu aujourd'hui, qui témoigne de la confrontation de Pollock avec la pensée de Jung (illustration page 23). On suppose en tout cas que Pollock en connaissait les éléments essentiels, ce qu'indique par ailleurs l'association fréquente de la lune et de la femme dans des œuvres comme *The Moon-Woman* (illustration page 16), *The Mad Moon-Woman* et *The Moon-Woman Cuts the Circle* (illustration page 21), sans doute empruntée au livre d'Esther Hading « Les Mystères de la femme » (« Woman's Mysteries »). Ce livre, dont on sait qu'il le possédait, traite de manière détaillée certains aspects de l'iconographie jungienne. Et son ami Alfonso Ossorio (1916–1990) témoigne du fait que Pollock, les rares fois où il commente des œuvres d'art, le fait en termes relevant plus souvent de la psychanalyse que de l'esthétique.

Néanmoins, les dessins et peintures figuratifs de Pollock ne sont pas lisibles en tant qu'illustrations de concepts psychanalytiques, pas plus qu'ils ne nous renseignent sur l'état psychique de l'artiste. La théorie des archétypes de Jung aura eu sur Pollock autant d'influence que sur ses contemporains. Ne promettait-elle pas en recourant aux archétypes la libre disposition d'un répertoire d'images commun à tous les hommes, quelle que soit leur culture ou leur race, et n'avait-elle pas les mêmes valeurs pour tous et était directement compréhensible par tous ? Les théories de la psychologie des profondeurs de Jung offraient, en une plus forte mesure que les conceptions de la libido de Freud adaptées à un individu spécifique, la possibilité de réaliser un art humain, universellement compréhensible. Chez Pollock, cet espoir d'un langage pictural universel nourri par les archétypes jungiens s'associera plus tard à l'automatisme des surréalistes.

A l'époque de son analyse, Pollock cherche surtout dans l'art des Indiens d'Amérique des modèles d'un art affranchi de la tradition européenne, authentiquement américain et, en recourant aux archétypes de Jung, accessible à tous. En 1943, il déclarera dans une interview : « J'ai toujours été très impressionné par les qualités plastiques de l'art des Indiens d'Amérique. Les Indiens possèdent la véritable approche du peintre dans leur capacité à saisir les images appropriées et dans leur compréhension de ce qui constitue le motif pictural. Leurs couleurs sont essentiellement celles de l'Ouest, leur vision a l'universalité fondamentale de tout art véritable. Certaines personnes trouvent des références à l'art des Indiens d'Amérique et à la calligraphie dans des parties de mes tableaux. Ce n'était pas intentionnel de ma part ; c'est probablement le résultat de souvenirs précoces et d'enthousiasmes. »

Pollock connaît l'art des Indiens depuis sa plus tendre enfance et, à l'exposition « Indian Art of the United States » du Museum of Modern Art qui se déroule du 22 janvier au 27 avril 1941 et qu'il visitera plusieurs fois, il a l'occasion d'observer des artistes Navajo réalisant sur le sol des peintures de sable. Pollock partage avec ses homologues peintres l'intérêt pour l'art dit primitif. Mark Rothko qui documentera plus tard aussi son appartenance à l'expressionnisme abstrait sur la fameuse photo des « Irascibles » (illustration page 95) dira d'ailleurs « que l'art archaïque et la mythologie contiennent des symboles éternels... des peurs originelles et des motivations de l'homme... Et notre psychologie moderne en trouve la persistance dans nos rêves, notre langue vernaculaire et notre art, malgré tous les changements de nos conditions de vie extérieures. »

Le fait que l'art amérindien était au centre de l'intérêt, et non plus l'art océanien ou africain comme cela avait été le cas chez les cubistes et les impressionnistes, montre que les jeunes peintres américains cherchaient des possibilités de construire une généalogie américaine, non européenne, et ainsi une identité américaine. Néanmoins Pollock réfute l'idée d'un « art américain » : « L'idée d'une peinture américaine isolée, si populaire dans ce pays pendant les années 30, me paraît absurde, de même que l'idée de créer une science mathématique ou physique purement américaine me paraît absurde. [...] Un Américain est un Américain et sa peinture sera naturellement jugée selon ce fait, qu'il le veuille ou non. Mais les problèmes fondamentaux de la peinture contemporaine sont indépendants d'un pays quelconque. »

Il semblait pourtant nécessaire de faire cesser la domination des peintres et des artistes européens, dont beaucoup avaient émigré aux Etats-Unis au début de la Deuxième Guerre mondiale. La lutte pour un langage pictural personnel – dans le cas de Pollock, sa confrontation avec Pablo Picasso permet de la reconstruire de manière exemplaire –, n'était pas seulement le combat d'un jeune artiste contre une sorte de « père » très puissant ; il s'agissait aussi de lutter pour

Untitled (Woman with Skeleton), vers 1938–1941
Huile sur bois, 50,8 x 61 cm
The Pollock-Krasner Foundation, Inc. Courtesy Washburn Gallery, New York

Comme de nombreuses représentations féminines dans l'œuvre de Pollock, *Untitled (Woman with Skeleton)* présente la femme comme un être tout-puissant et inquiétant. Dans ces tableaux se manifeste la relation de haine-amour que l'artiste entretiendra toute sa vie avec sa mère. Sur le plan stylistique, la peinture témoigne de l'influence du muraliste mexicain Orozco.

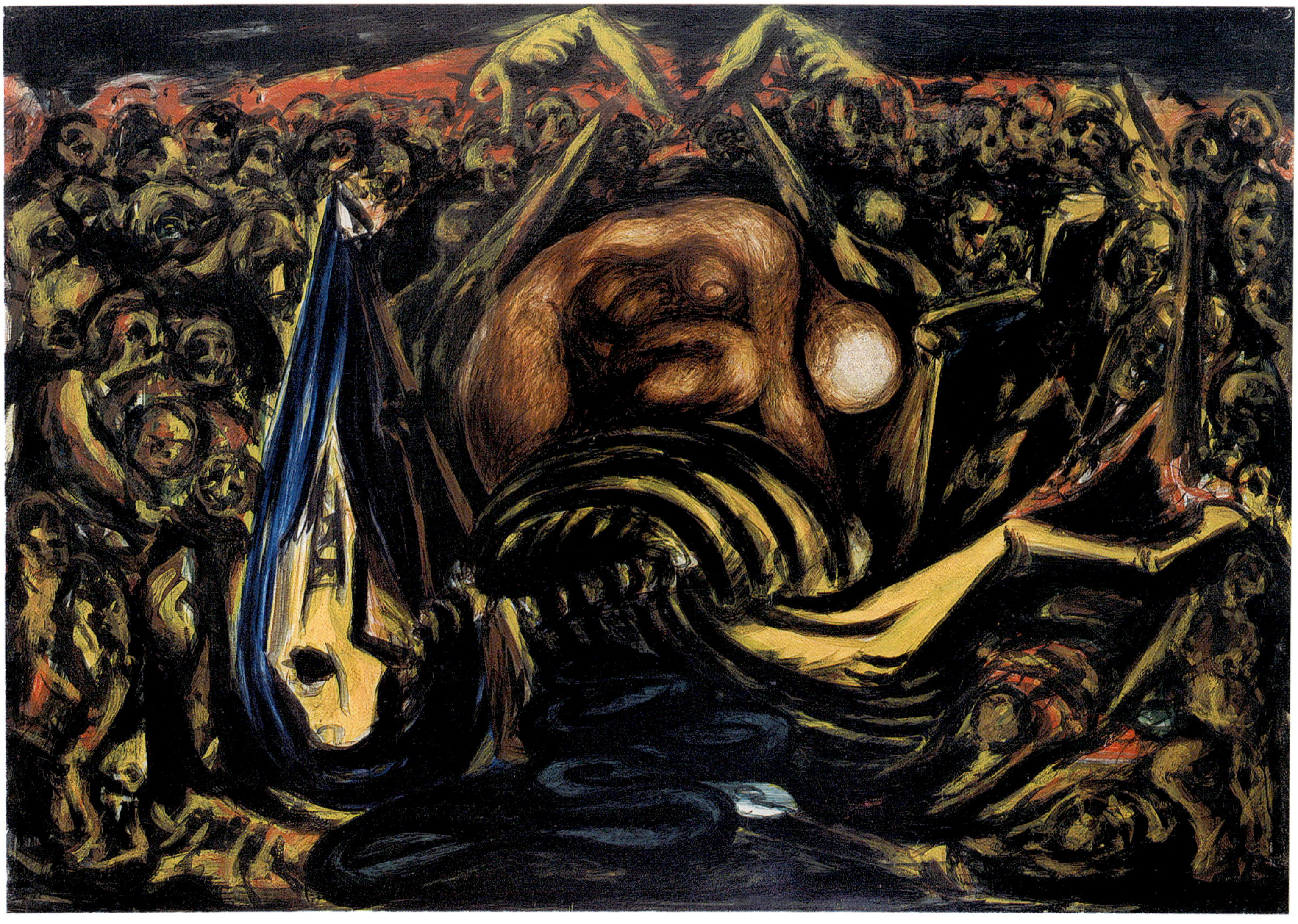

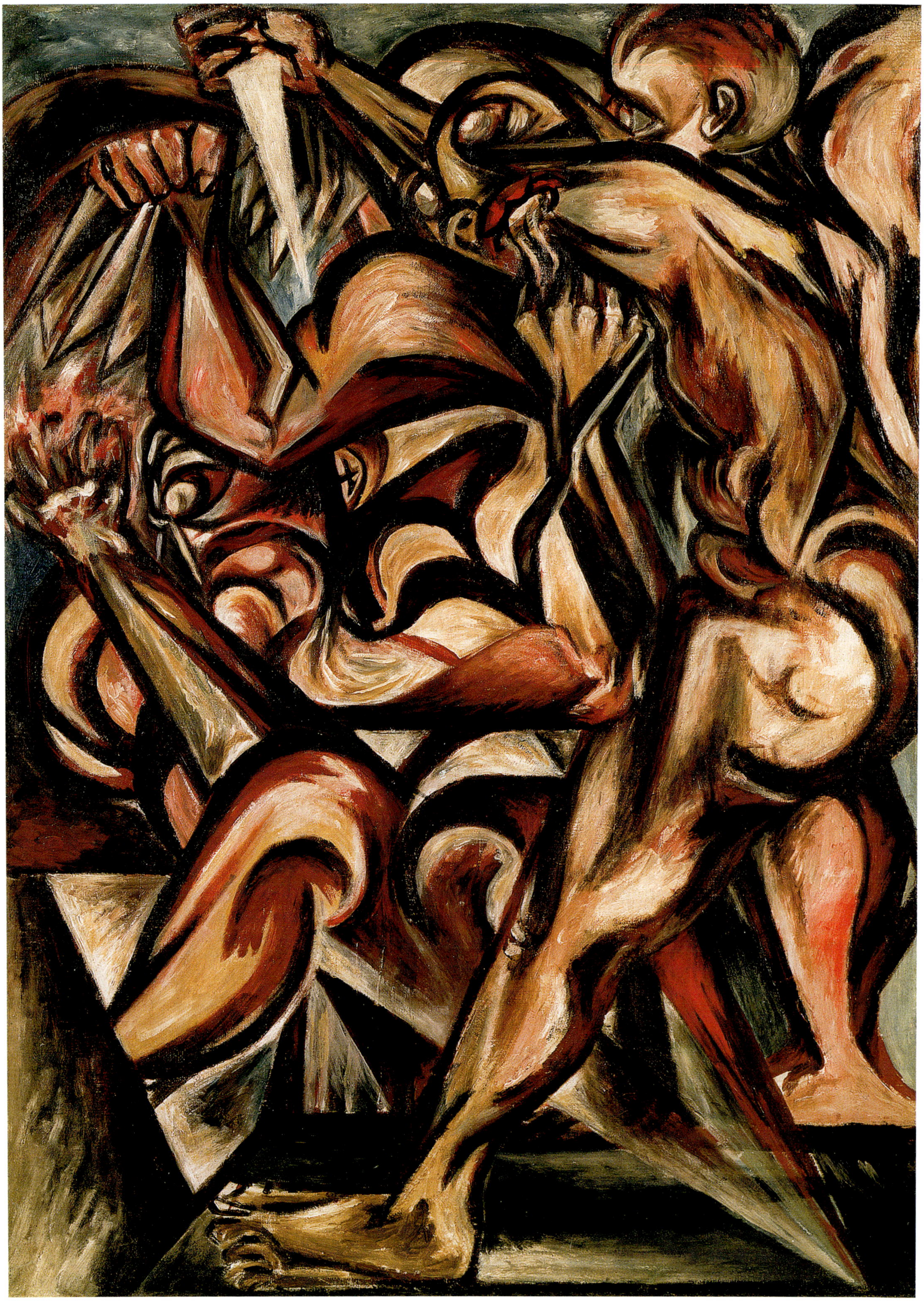

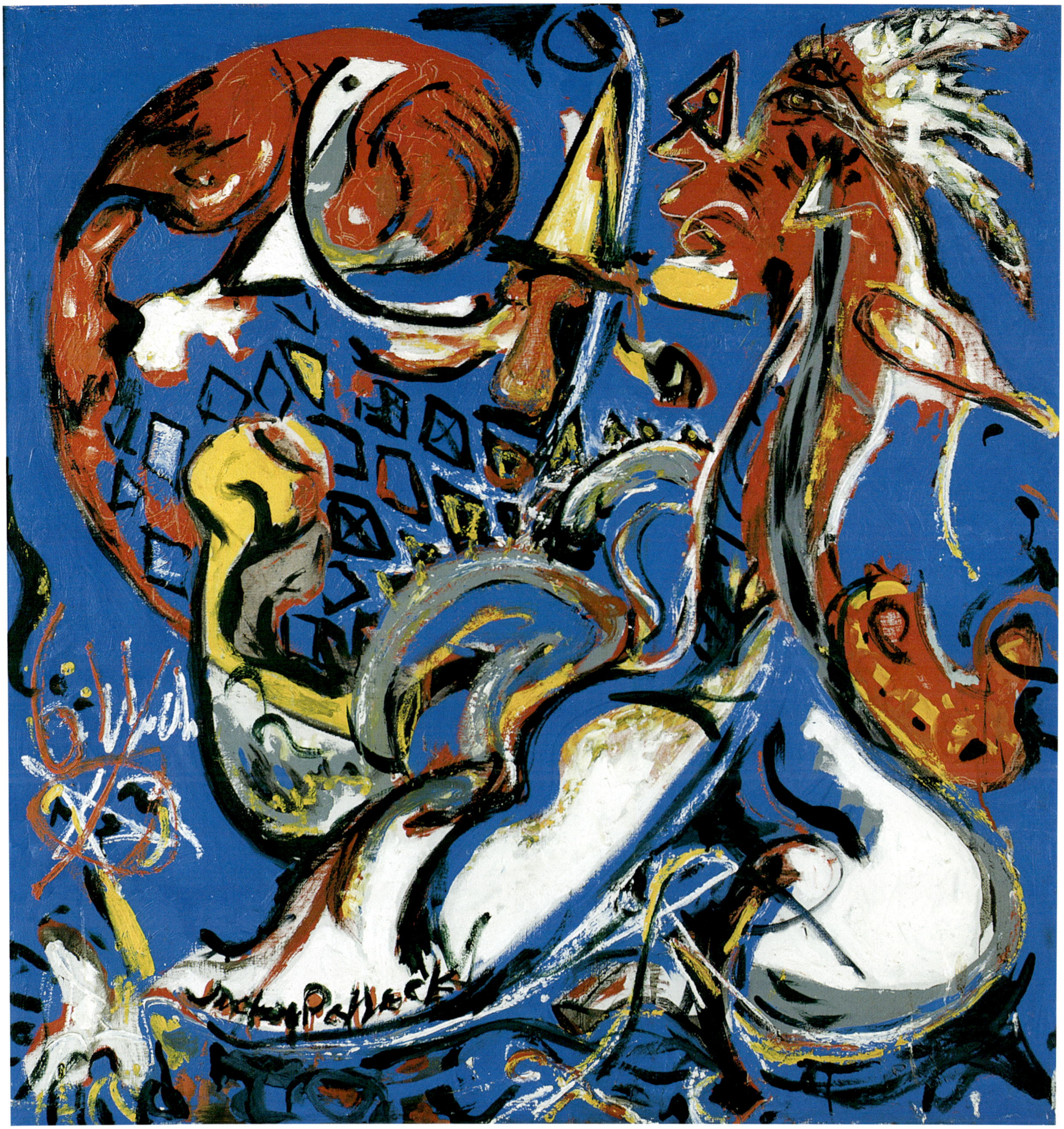

The Moon-Woman Cuts the Circle, vers 1943
Huile sur toile, 109,5 x 104 cm
Paris, Musée National d'Art Moderne,
Centre Georges Pompidou

ILLUSTRATION PAGE 20 :
Untitled (Naked Man with Knife), vers 1938–1940
Huile sur toile, 127 x 91,4 cm
Londres, Tate Gallery

Untitled, vers 1939/40
Mine de plomb et crayon de couleur sur papier, 35,5 x 27,9 cm
Nashville, TN, Collection Leonard Nathanson

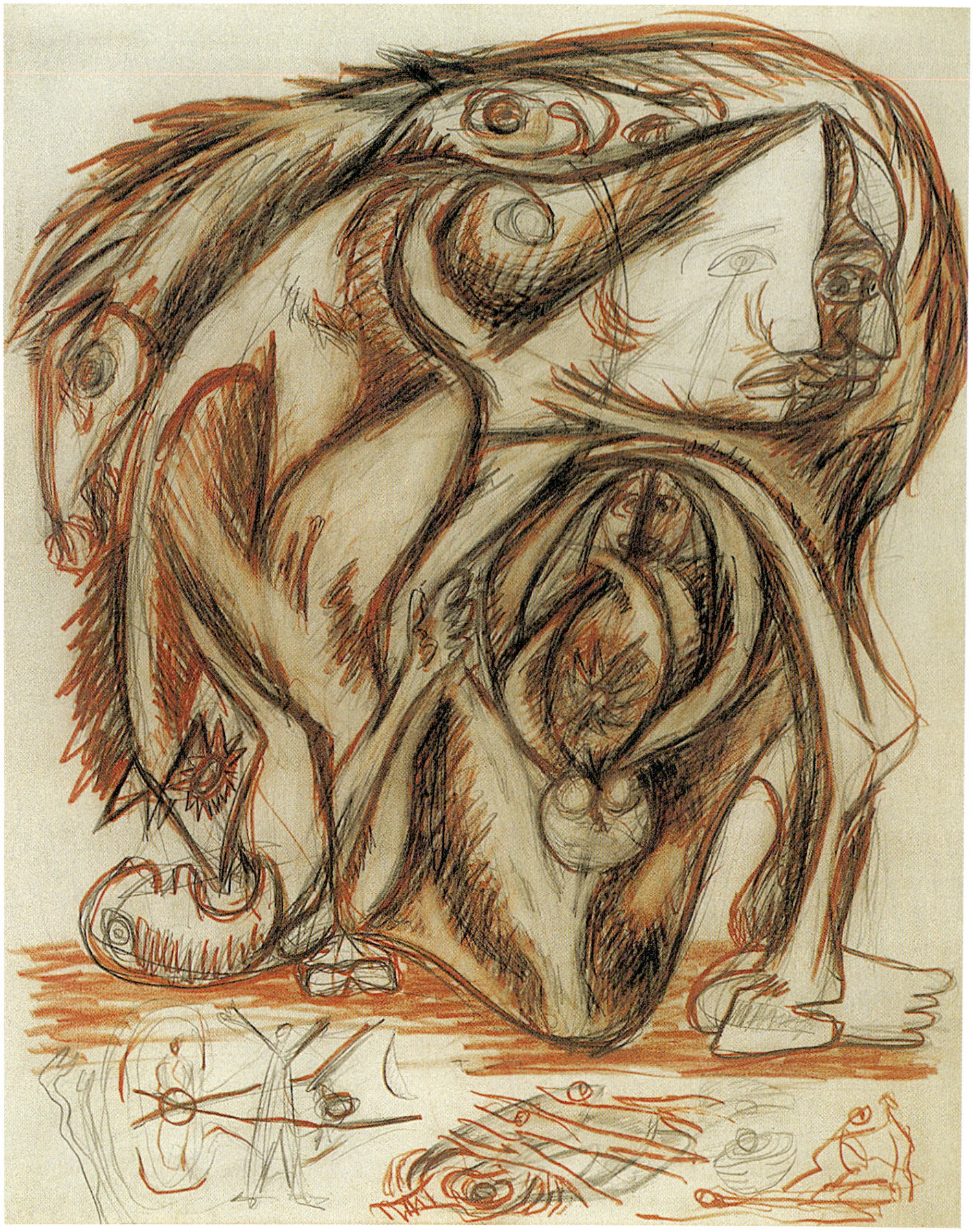

Untitled (Dancing Shaman), 1939/40
Crayon de couleur sur papier, 38,1 x 27,9 cm
Collection particulière

Le motif du chaman joue un rôle central dans les premiers tableaux de Pollock. N'incarne-t-il pas l'espoir d'une union entre le monde humain et le monde animal et une réconciliation de l'homme et de la nature ?

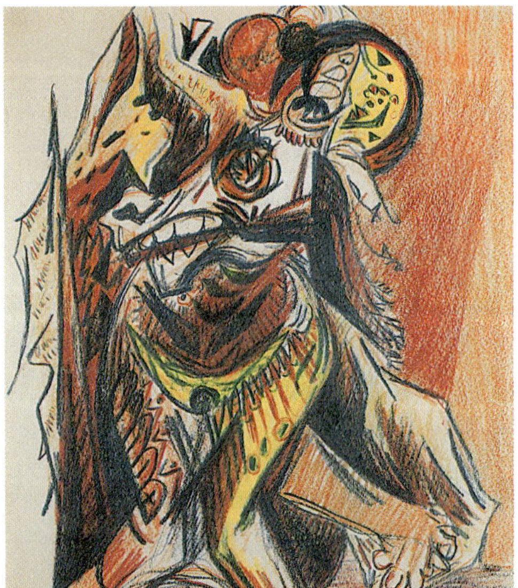

trouver une forme d'art autonome qui devait se libérer de tout son patrimoine historique s'il voulait être authentique. Les peintures de sable des Navajos, les cultes totémiques des Indiens semblaient représenter, sur le plan de la forme et du contenu, des modèles inutilisés, inaltérés, et s'y référer promettait un certain degré d'indépendance par rapport à la tradition picturale européenne très puissante.

Le fait que Max Ernst (1891–1976) et André Masson (1896–1987), par exemple, se soient intéressés à l'art des Indiens après avoir émigré aux Etats-Unis et aient intégré leurs influences dans leurs œuvres ; que d'un autre côté, la peinture de Pollock ait eu, après son succès, un impact en Europe, influençant les tachistes français et les peintres informels allemands, confirme bien son propos, c'est-à-dire que les problèmes de l'art contemporain sont indépendants de l'origine des artistes. Pollock ne cherchera jamais à inventer une peinture décidément américaine, ce qui lui importe, ainsi qu'il le dit lui-même, c'est l'expression de son époque :

« Il me semble que le peintre moderne ne peut exprimer cette époque, l'avion, la bombe atomique, la radio dans la vieille forme de la Renaissance ou de n'importe qu'elle autre culture passée. Chaque siècle trouve sa propre technique. [...] L'artiste moderne, me semble-t-il, travaille sur un monde intérieur et cherche à l'exprimer – autrement dit, il exprime l'énergie, le mouvement et d'autres forces intérieures. [...] L'artiste moderne travaille avec l'espace et le temps, exprimant ses sentiments plutôt qu'il ne les illustre. »

Ainsi l'artiste moderne fait deux choses : il reflète son époque à l'aide de techniques nouvelles, inusitées ; en même temps, ses œuvres sont une expression immédiate et non plus l'illustration de ses sentiments. Viennent s'ajouter les facteurs de l'espace et du temps qui trouvent leur expression dans l'importance qu'acquièrent les dimensions de ses tableaux et sa technique de l'« action painting ».

Dans ses propos, Pollock formule des intentions très précises. Que l'on soit de l'avis, ou non, qu'il a brossé dans ses œuvres un portrait de son époque et créé des images adéquates de l'ère de la bombe atomique, il faut retenir qu'il n'avait pas l'intention d'élaborer une peinture américaine mais une peinture en accord avec son temps. Ce n'est qu'après sa mort et avec l'aide de films et de photographies qui le montrent au travail, ce n'est qu'en appelant à la rescousse des éléments tels que son origine et sa constitution psychique fragile qu'il a été sacré le « Prométhée américain », le créateur d'une peinture américaine spécifique. Le problème de la peinture américaine authentique est un problème de la réception et un problème de la politique culturelle américaine, Pollock quant à lui, ne s'y intéressait pas.

Il est significatif que presque tous les peintres de l'expressionnisme abstrait américain se réfèrent non à Freud mais à Jung et ses archétypes. Dans le cas de Pollock, l'intérêt pour la psychologie des profondeurs de Jung était associé à une fascination pour les images dans lesquelles la liaison animiste de l'homme et de l'animal joue un rôle. A ce point de vue aussi, les références à l'art des Indiens d'Amérique du Nord et d'Amérique centrale sont importantes. Dès le départ, Pollock – comme plus tard Beuys – s'intéresse au rôle du chaman qui sert d'intermédiaire entre le monde animal et le monde humain ; l'initiation chamanique, dont il sort transfiguré, le fait mourir et renaître à une vie supérieure qui lui permet d'établir un contact entre ces deux mondes et de transmettre ensuite une sagesse surhumaine. La théorie de Jung selon laquelle le chaman passe par un ou plusieurs cycles de naissance, de mort et de résurrection, est l'un des rares aspects dont il est prouvé que Pollock et ses analystes en ont discuté. Avec le *Naked Man* (illustration en haut à droite), réalisé vers 1938–1941, Pollock crée le symbole du chaman, un homme portant un masque de plumes dans la main droite et qui a en guise de visage une forme ronde imitée de représentation d'aigles des Indiens du Nord-Ouest.

Le chaman joue aussi un rôle dans les dessins que Pollock offre à Henderson (illustration page 22, en bas) ; d'autre part, le peintre aurait dit à la psychanalyste Violet Staub de Laszlo qui poursuivra l'analyse en 1940 après le départ de Henderson, qu'il cherchait lui-même la source d'énergie qui nourrit les visions du chaman. *Masqued Image* et *Birth* (illustration page 24), réalisées de 1938 à 1941, se réfèrent encore, dans le tourbillon de formes à peine identifiables, à l'enseignement de Benton qui prônait la composition picturale centrifuge. Sur le plan thématique cependant, elles n'illustrent pas seulement la danse du chaman mais évoquent aussi les représentations totémiques de l'*Epic of American Civilization* d'Orozco et un masque eskimo dont Pollock a trouvé, de manière avérée, la reproduction dans une revue. La rugosité de la surface se réfère, quant à elle, à la peinture de sable des Navajos.

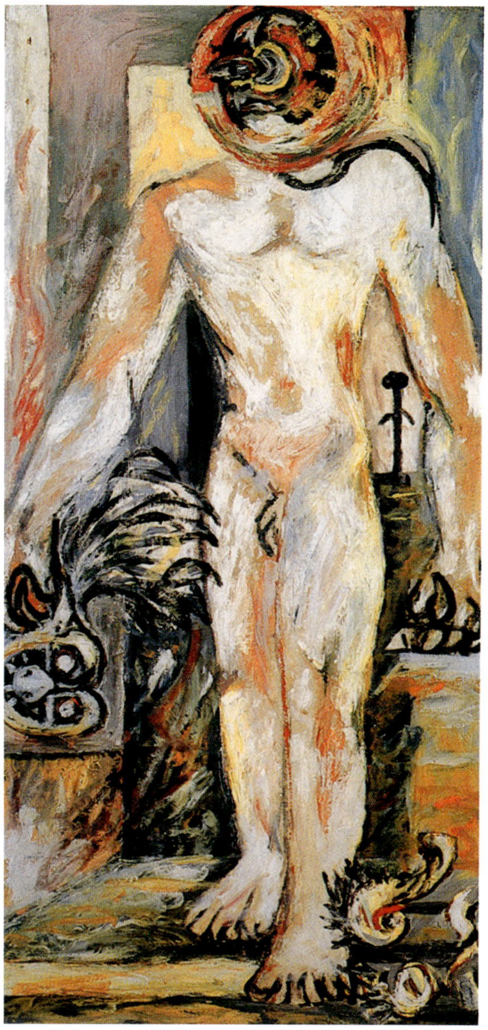

Naked Man, vers 1938–1941
Huile sur contreplaqué, 127 x 61 cm
Collection particulière

Untitled, 1938/39
Mine de plomb sur papier
Localisation inconnue

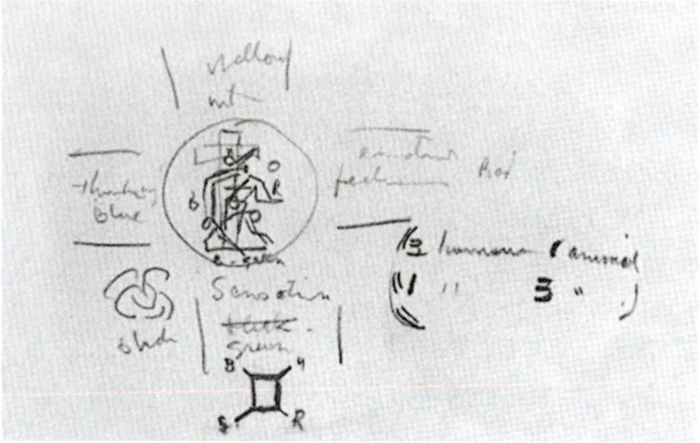

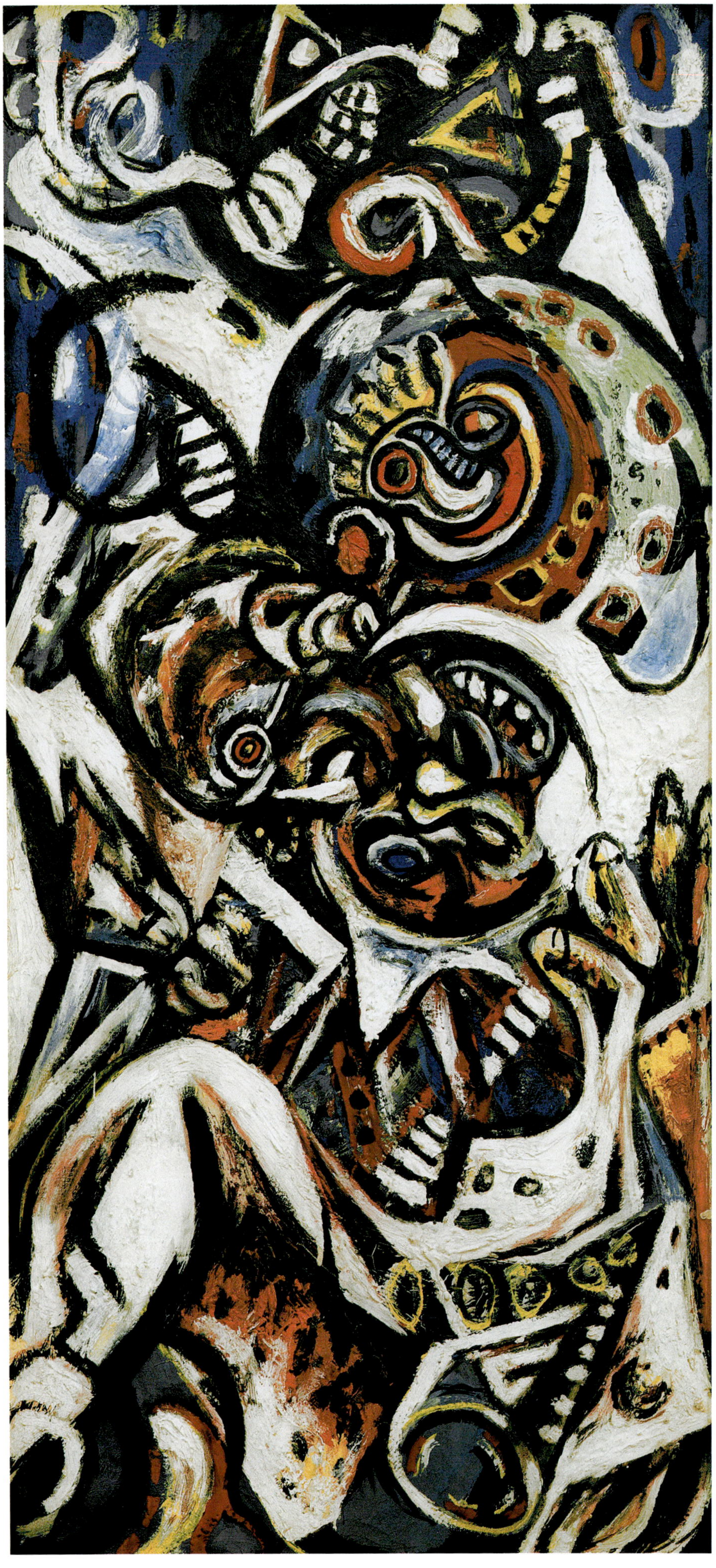

Birth, vers 1938–1941
Huile sur toile, 116,4 x 55,1 cm
Londres, Tate Gallery

Dans la rugosité de sa surface, *Birth* montre nettement l'influence des peintures de sable des Navajos. En quête de modèles non européens pour une nouvelle peinture américaine, Pollock a fortement recours aux motifs de la population américaine originelle, donc aussi des Esquimaux.

Birth est présenté à l'« American and French Painting » (du 20 janvier au 6 février 1942). La toute première exposition à laquelle Pollock participe a été organisée par le peintre et écrivain John D. Graham (1881–1961) qui obligera Pollock à étudier les œuvres de Pablo Picasso – une confrontation qui s'avèrera aussi féconde que paralysante. Au premier abord, *Birth* n'évoque en rien la peinture de Picasso, pourtant une examen plus profond révèle que la forme de la jambe, dans la partie inférieure du tableau, renvoie à la position de la jambe du personnage masqué dans *Les Demoiselles d'Avignon,* le tableau révolutionnaire réalisé par Picasso en 1907 et qui se trouve au Museum of Modern Art. *Guernica* (illustration ci-dessous), le chef-d'œuvre de Picasso, a été exposé à New York à la Valentine Gallery en 1939 et, en 1940, le Museum of Modern Art organise l'exposition « Picasso : Forty Years of His Art ». On voit donc que Pollock a l'occasion d'analyser l'œuvre du maître espagnol en contemplant des toiles originales.

L'impact de *Guernica* qui ressemble à une peinture murale et avec laquelle Picasso avait réagi au bombardement par les fascistes, le 27 avril 1937, du village basque du même nom peut être particulièrement mis en évidence dans de nombreux croquis. *Orange Head* (illustration page 27) réalisé entre 1938 et 1941 et considéré, il est vrai, comme illustrant le point culminant de cette fascination ambiguë, documente la confrontation avec Picasso, malgré le mélange de vues de face et de profil, moins nettement que nombre de ses croquis. L'un d'eux (illustration page 28, en haut à droite), par exemple, montre plusieurs visages la bouche grande ouverte ; le visage en bas à droite est clairement inspiré de *Guernica* à travers la tête dressée du personnage sur le bord droit, tandis que la langue en forme de poignard du motif ressemblant à une tête de taureau sur le bord gauche a été suggérée par la solution de Picasso que l'on trouve aussi bien dans les toiles achevées que dans les esquisses préparatoires. Quant au taureau sur le bord supérieur gauche, il se réfère manifestement à Picasso qui formulait son alter ego dans le taureau ou le Minotaure, un être hybride mi-homme mi-animal.

Les dessins en possession de Henderson indiquent également à de nombreux égards, à quel point les œuvres de Picasso ont été importantes pour Pollock. Ainsi la tête de *Untitled* (illustration page 28, en haut à gauche) évoque la tête de

ILLUSTRATION PAGE 26 :
Untitled, 1938/39
Mine de plomb et crayon de couleur sur papier, 33 x 26,2 cm
Collection Allan and Miriam Haven

ILLUSTRATION PAGE 27 :
Orange Head, vers 1938–1941
Huile sur toile, 47,6 x 40 cm
The Pollock-Krasner Foundation, Inc., New York

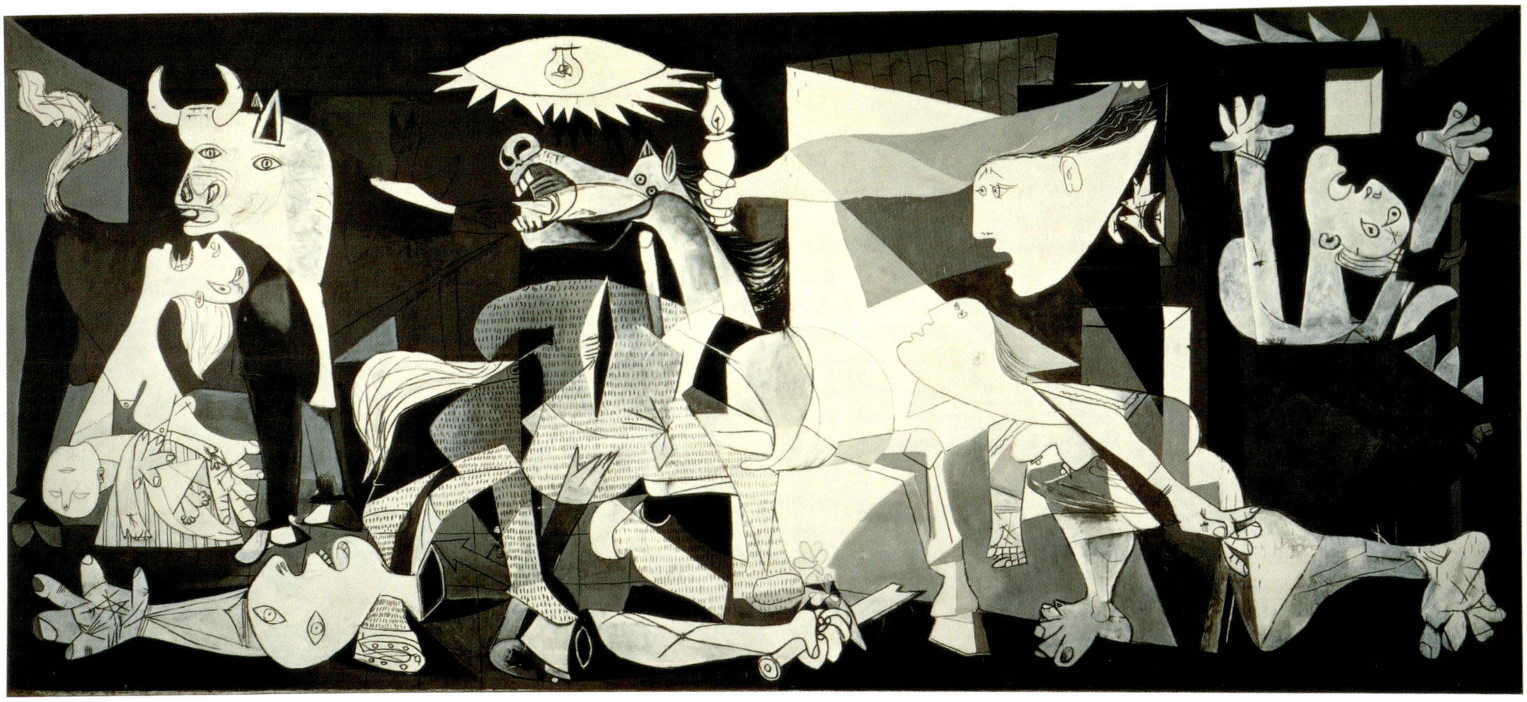

Pablo Picasso
Guernica, 1937
Huile sur toile, 349,3 x 776,6 cm
Madrid, Centro de Arte Reina Sofía

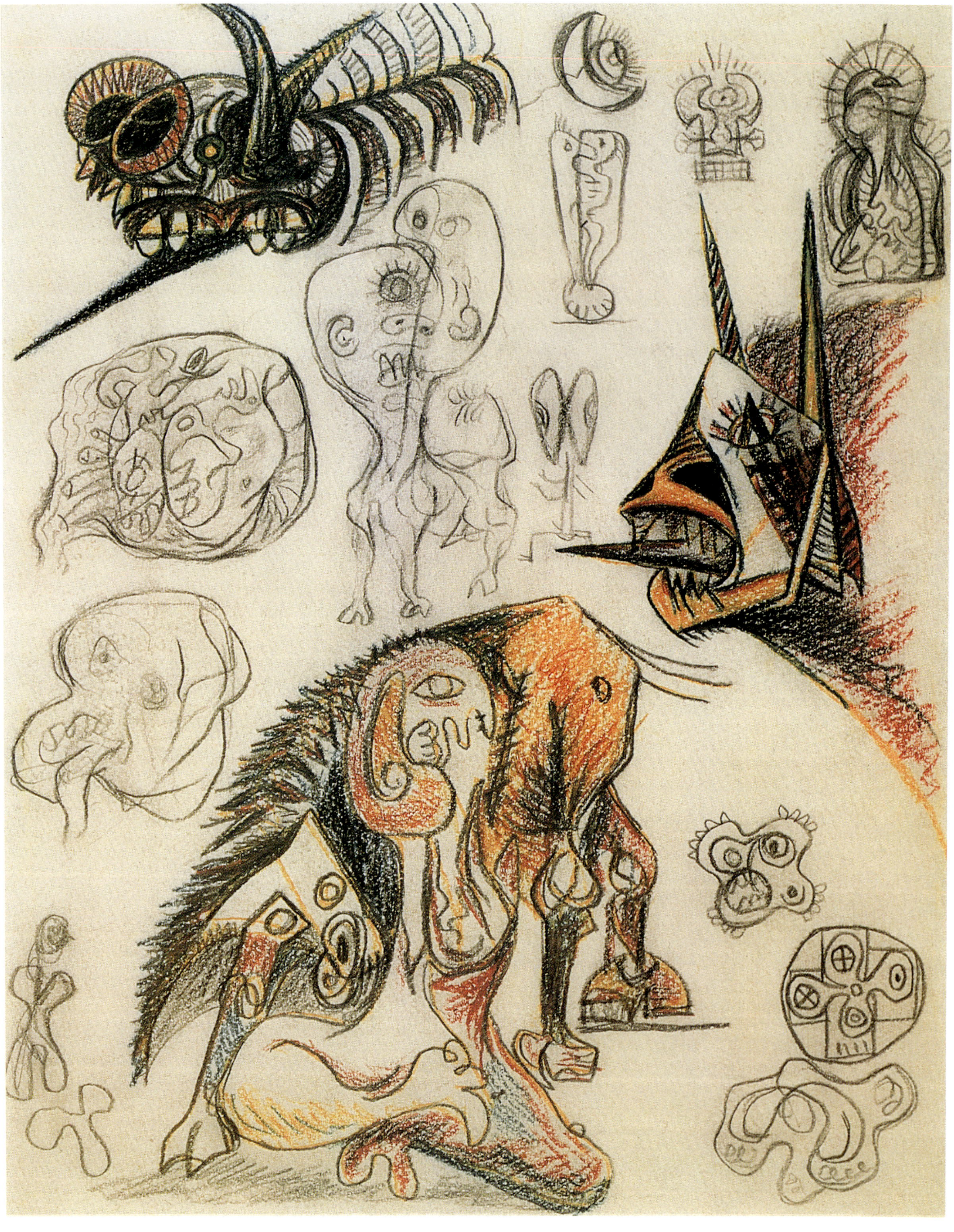

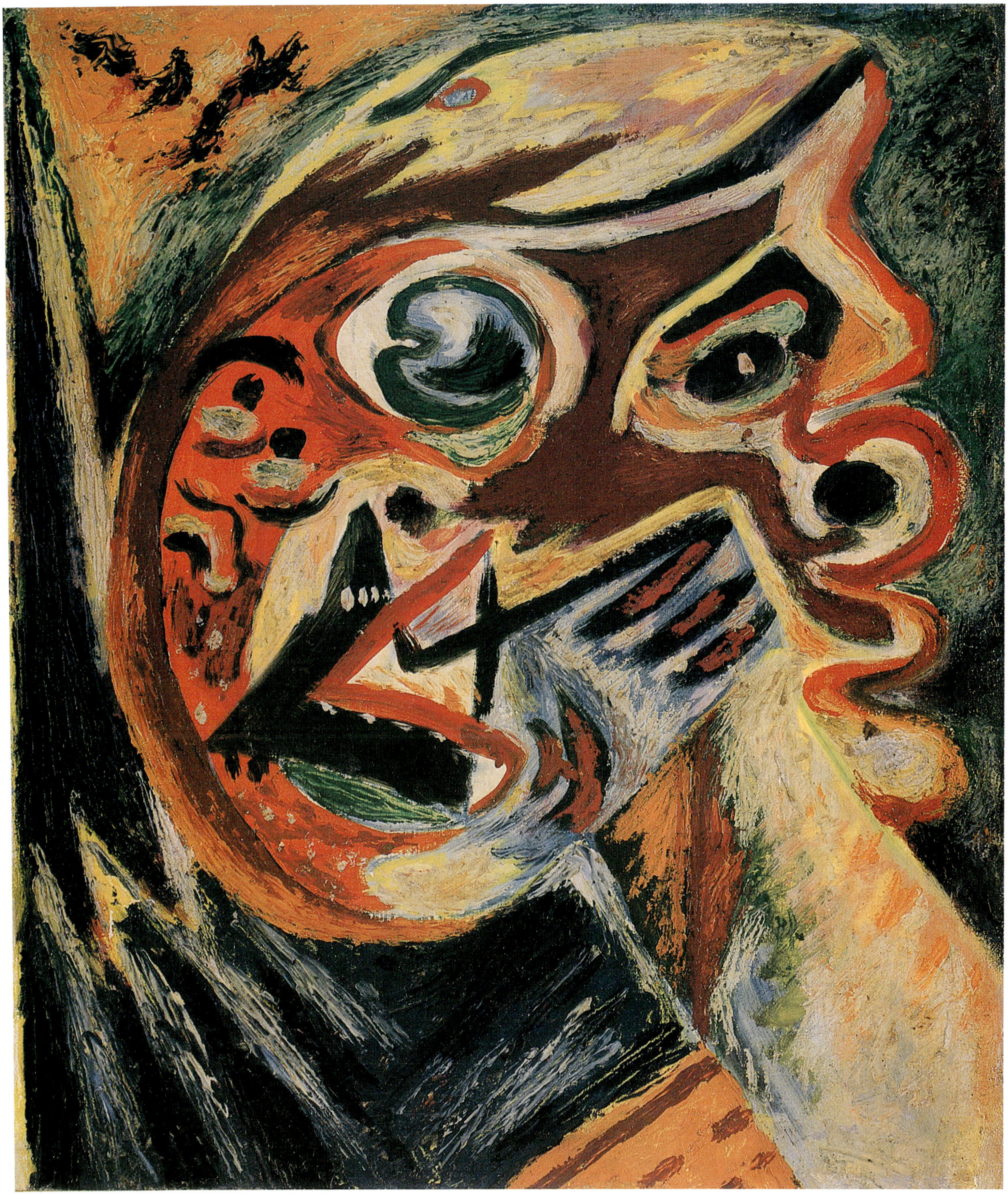

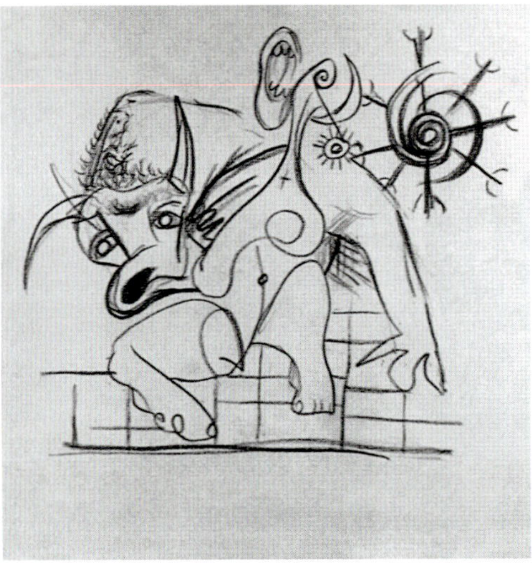

Untitled, 1938/39
Crayon de couleur sur papier, 22,1 x 20,9 cm
Localisation inconnue

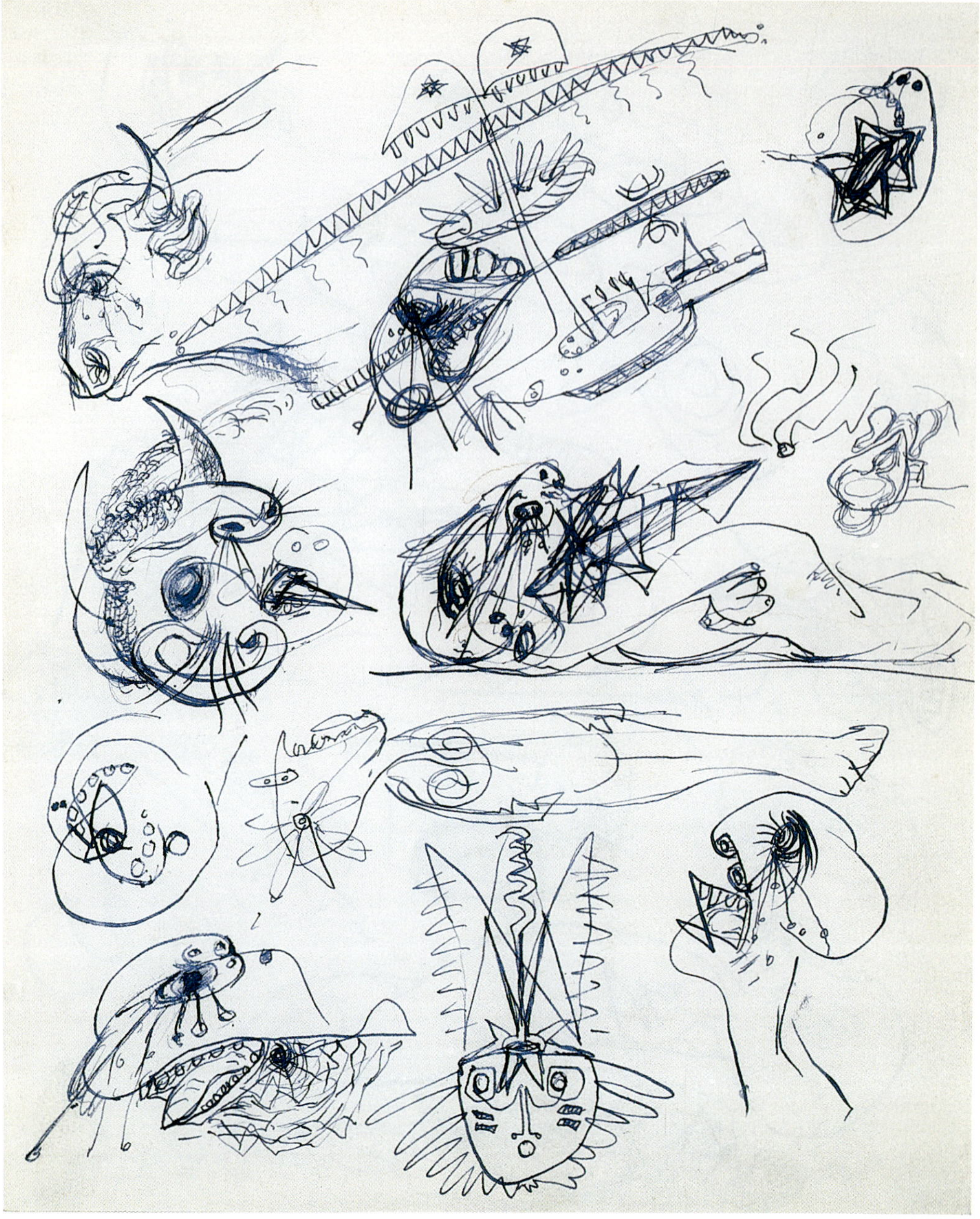

Untitled (Croquis), vers 1939–1942
Encre, crayon de couleur et stylo à bille sur papier, 33 x 26 cm
New York, The Metropolitan Museum of Art. Gift of Lee Krasner Pollock, 1982 (1982.147.12b)

Untitled, 1938/39
Mine de plomb et crayon de couleur sur papier, 15,2 x 17,1 cm
Collection Robert E. Abrams

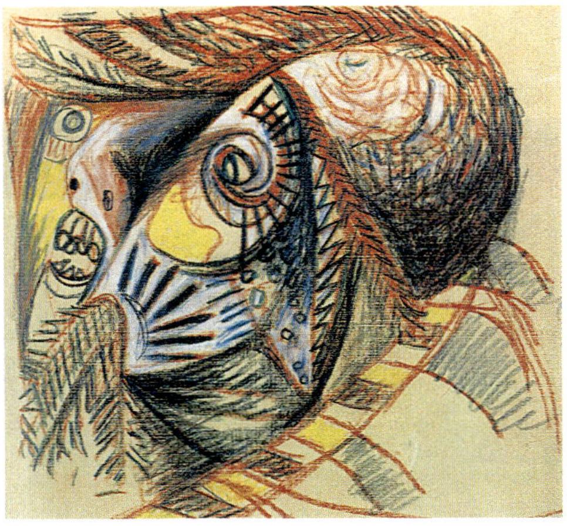

la période « osseuse » de Picasso, alors que le taureau de *Untitled* (illustration page 26) renvoie directement à *Guernica*. Pollock soumet à des transformations caractéristiques d'autres adaptations de Picasso. Ainsi l'aspect terrifiant des bicéphales (illustration en bas à gauche) est aussi peu pensable sans celui-ci que la tête dans le même paquet de dessins (illustration page 29).

Mais l'adjonction de couvre-chefs, à plumes semble-t-il, et d'excroissances buccales, ou le mélange de la tête humaine avec une tête d'animal, peut-être celle d'un cheval, donnent aux créations de Pollock une facette animiste, que Picasso n'a pas posée de cette manière. En effet, ses créations hybrides, telles le Minotaure, se réfèrent à la mythologie alors que celles de Pollock sont issues des conceptions chamanistes animistes. Donc, même si les visages de *Untitled* (illustration page 22, en haut) sont inspirés de têtes peintes par Picasso durant sa période classique, le mariage de masculin et de féminin, d'éléments animaux, végétaux et humains va au-delà d'une pure appropriation du modèle.

L'influence de Picasso, à côté de celle de Joan Miró (1893–1983) et celle, moins forte, de Paul Klee (1879–1940), sera jusqu'au tournant que représente *Mural* à

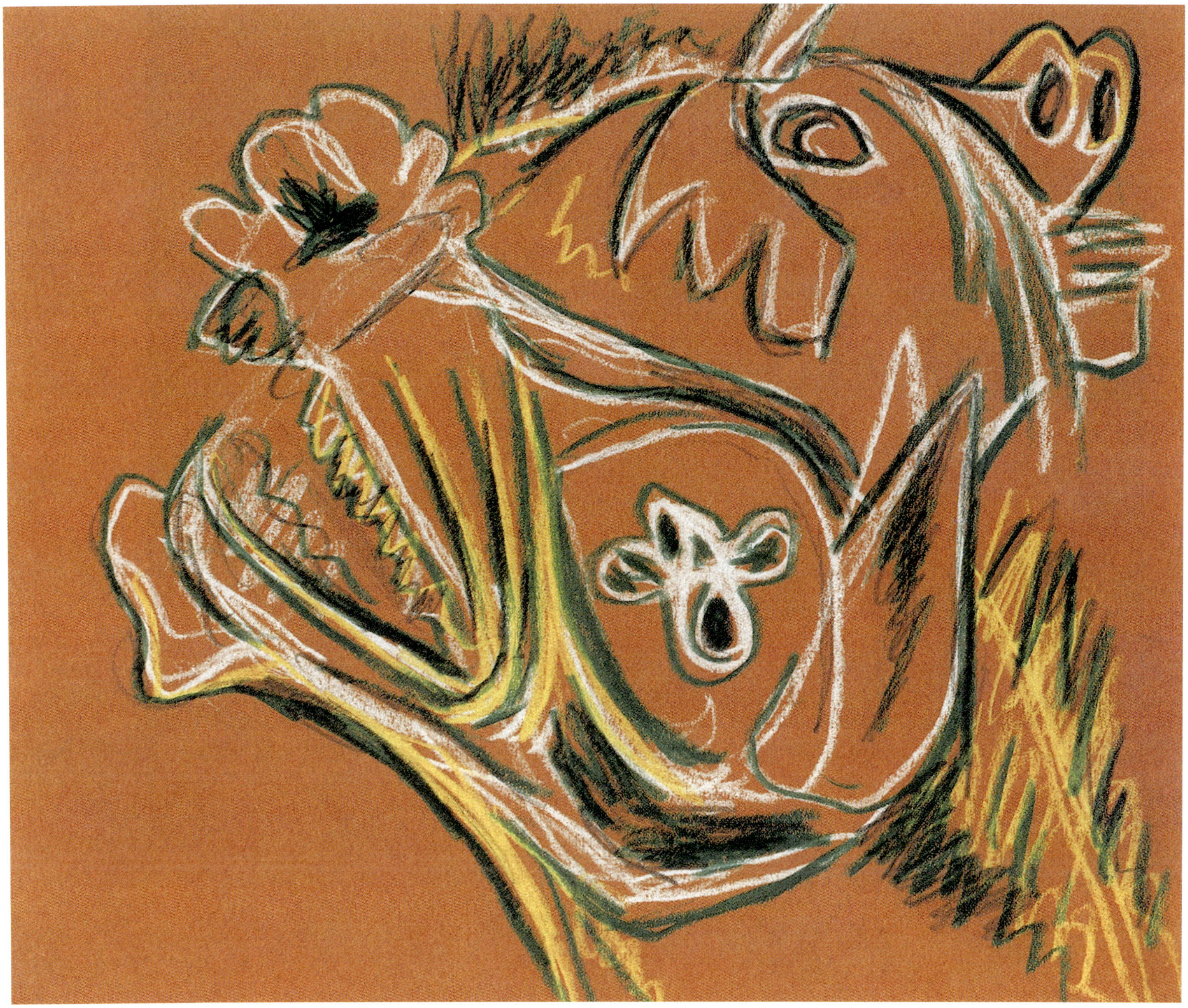

Untitled, 1938/39
Mine de plomb et crayon de couleur sur papier, 15,2 x 18,2 cm
Albuquerque, NM, University of New Mexico

la fois le moteur et l'entrave majeure pour le développement artistique personnel de Pollock. Une crise de colère qu'aurait eu Pollock un jour, jetant par terre un livre sur l'œuvre de Picasso en criant : « Damnation, tout lui a vraiment réussi à ce type ! », témoigne bien à quel point les innovations artistiques de Picasso imposent des limites à ce que Pollock pense pouvoir être encore possible pour lui.

Dans l'exposition organisée par ses soins, « American and French Painting », John D. Graham avait placé des œuvres du New-yorkais inconnu face à quelques toiles du grand maître espagnol. Le visiteur pouvait également voir les travaux de Lee Krasner, une jeune artiste, élève de l'Allemand exilé Hans Hofmann (1880–1966), qui avait déjà bien pris pied dans la scène artistique. Voyant pour la première fois le nom de Jackson Pollock sur la liste des artistes, elle décide de faire sa connaissance et lui rend visite. Lee Krasner, une artiste au talent personnel et plus réputée à cette époque que Pollock, ne vivra plus dès lors que dans l'ombre de l'homme qu'elle épousera le 25 octobre 1945 et dont elle influencera la carrière de manière décisive.

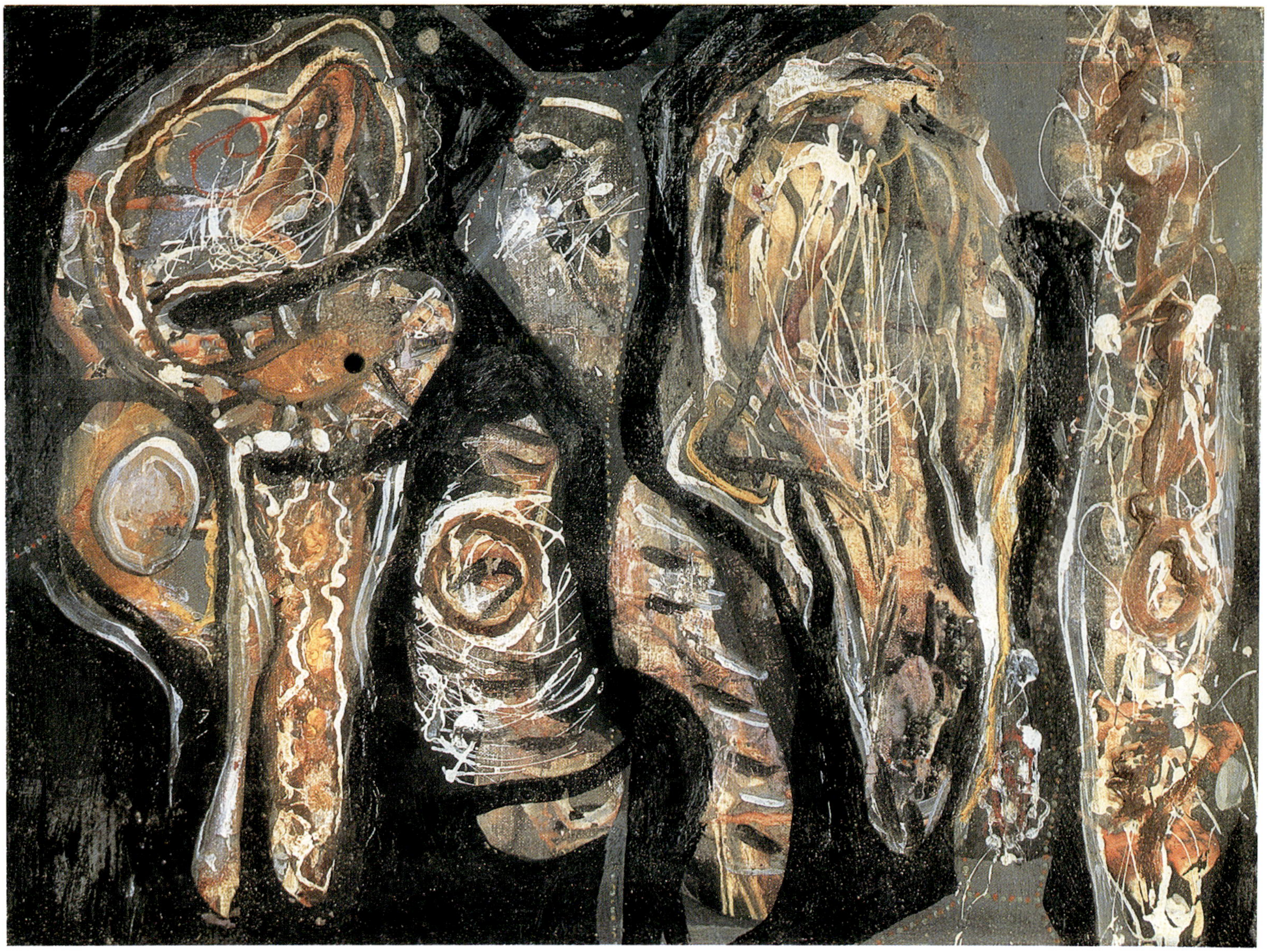

William Baziotes, Gerôme Kamrowski et Jackson Pollock
Untitled, 1940/41
Huile et vernis sur toile, 48,9 x 64,8 cm
Collection Mary Jane Kamrowski

Dans cette œuvre commune, créée sur un coup de tête, les trois peintres utilisent la technique du dripping et du pouring comme si cela allait de soi. Ce qui nous montre bien que ces techniques leur étaient familières et que l'importance de Pollock pour l'histoire de la peinture ne peut pas se mesurer uniquement aux méthodes qu'il a utilisées.

ILLUSTRATION PAGE 31, EN HAUT :
Landscape with Steer, 1935–1937
Lithographie avec peinture au pistolet, 34,6 x 47 cm
New York, The Museum of Modern Art. Gift of Lee Krasner Pollock

Avec Robert Motherwell (1915–1991), historien d'art et artiste, Pollock et Krasner participent à des rencontres dans l'atelier du peintre chilien Roberto Matta Echaurren, dit Matta (1911–2002). Une des rares lithographies dans l'œuvre de Pollock, *Landscape with Steer* de 1935–1937 (illustration page 31), est la plus proche du style de Matta qui combinait les surfaces lisses avec des formes étonnamment plastiques. Bien qu'elle ait été sans aucun doute réalisée avant sa rencontre avec Matta, elle explique peut-être dans quelle mesure une parenté spirituelle existait entre lui et le surréaliste en exil. Au point de vue du style, la lithographie est influencée par Siqueiros, tout comme le tableau *Untitled* (illustration pages 32–33) de l'année 1944, que Pollock offre en 1956 au critique Clement Greenberg comme cadeau de mariage et qu'il prétend avoir peint en 1939. A côté de parties informelles et fortement tactiles, on y distingue quelques allusions figuratives, mais l'effet d'ensemble est si semblable au *Collective Suicide* (illustration page 31, en bas) que Siqueiros a peint en 1936, qu'une influence de son professeur au Laboratory of Modern Techniques in Art est plus que vraisemblable.

Même si Pollock refuse l'appartenance à un groupe, il est impressionné par le concept surréaliste de l'automatisme psychique qui abroge l'instance de contrôle de la raison, et par l'idée de l'inconscient comme source de tout art. Il dira en

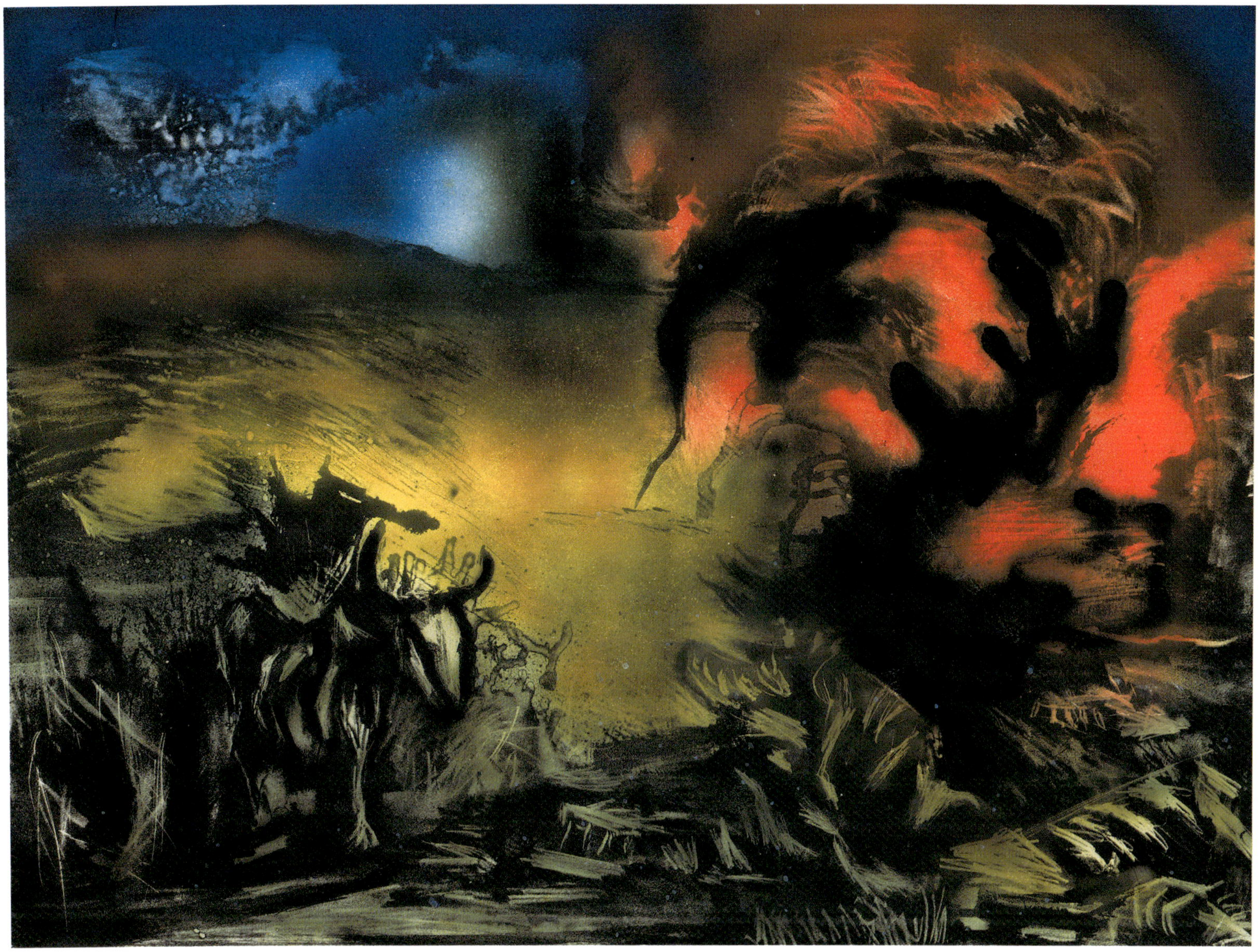

1944 : « Je suis particulièrement impressionné par leur concept de l'inconscient comme source de l'art. Cette idée m'intéresse plus que les peintres eux-mêmes, car les deux artistes que j'admire le plus, Picasso et Miro, sont toujours à l'étranger. »

Peu de temps avant de rencontrer Matta, Pollock réalise une œuvre (illustration page 30) remarquable à deux points de vue : il s'agit de la seule exécutée avec d'autres peintres et elle prouve que le fait de projeter de la peinture sur la toile était une méthode familière aux autres artistes. Voici comment les choses se passent : Pollock, le peintre William Baziotes (1912–1963) et le sculpteur Gerôme Kamrowski (né en 1914), comme Lee Krasner un ancien de Hans Hofmann, éprouvent subitement l'envie de travailler ensemble sur une toile éclaboussée de peinture. L'un après l'autre, les artistes projettent au couteau de la peinture sur la toile et Kamrowski rapportera avec quelle intensité et quelle concentration Pollock travaille. Il ne semble pas que la technique utilisée ait parue étonnante ou remarquable à l'un des compagnons de Pollock.

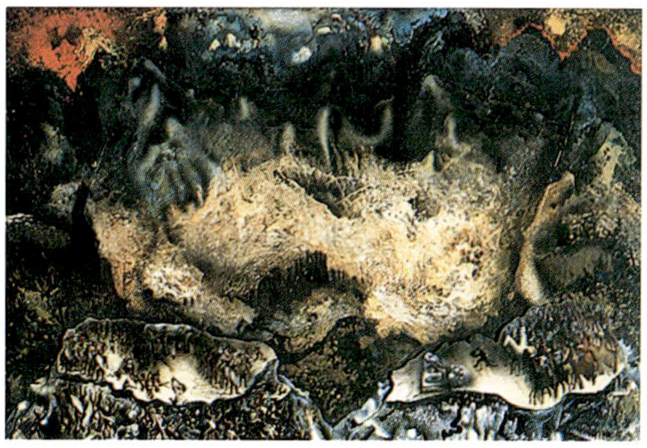

David Alfaro Siqueiros
Collective Suicide, 1936
Vernis à l'émail sur bois, 124,5 x 182,9 cm
New York, The Museum of Modern Art. Gift of Dr. Gregory Zilboorg

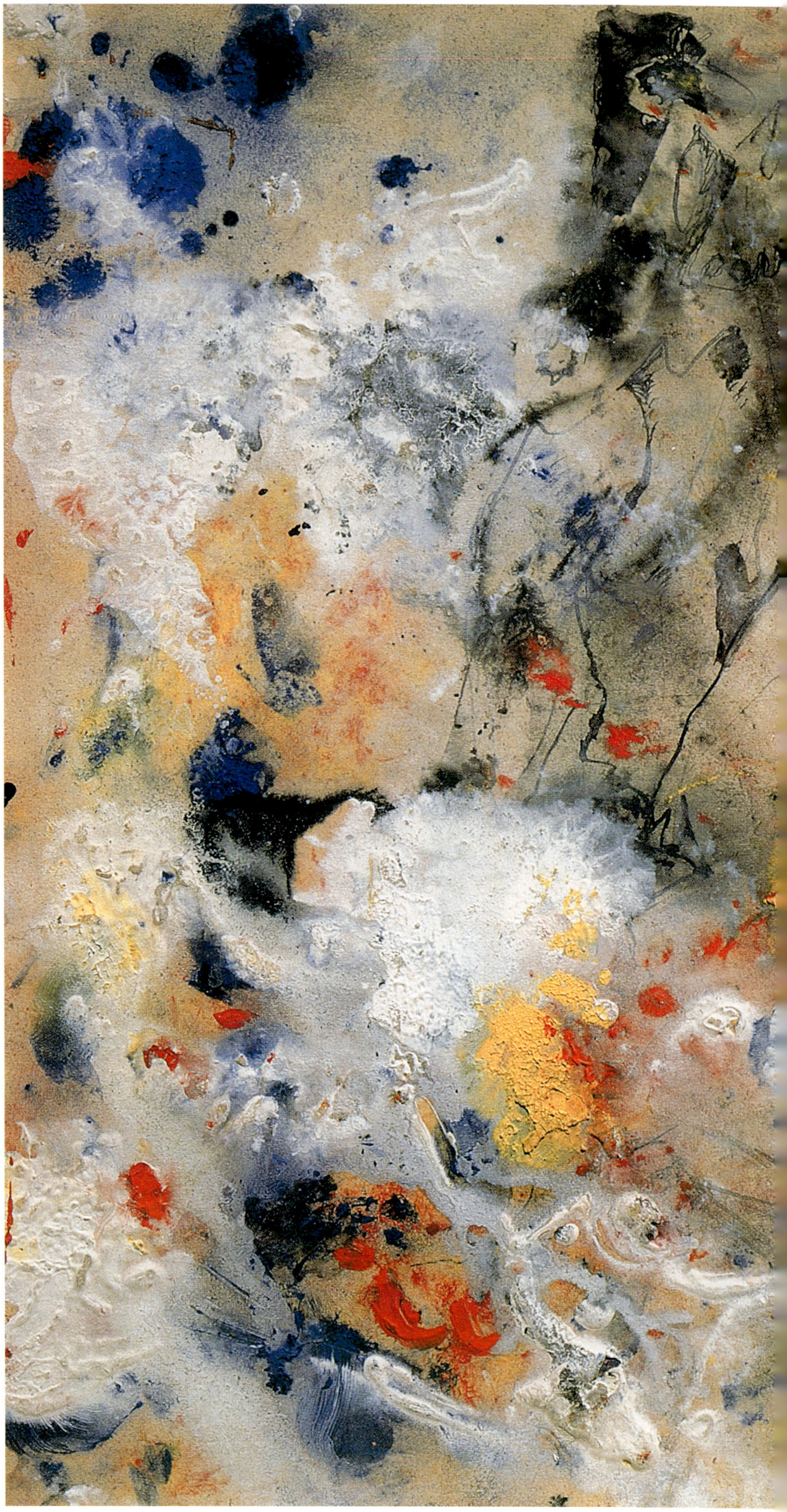

Untitled, 1944 (?)
Technique mixte sur carton, 36,2 x 48,9 cm
Collection of Mr. and Mrs. Christian Fayt

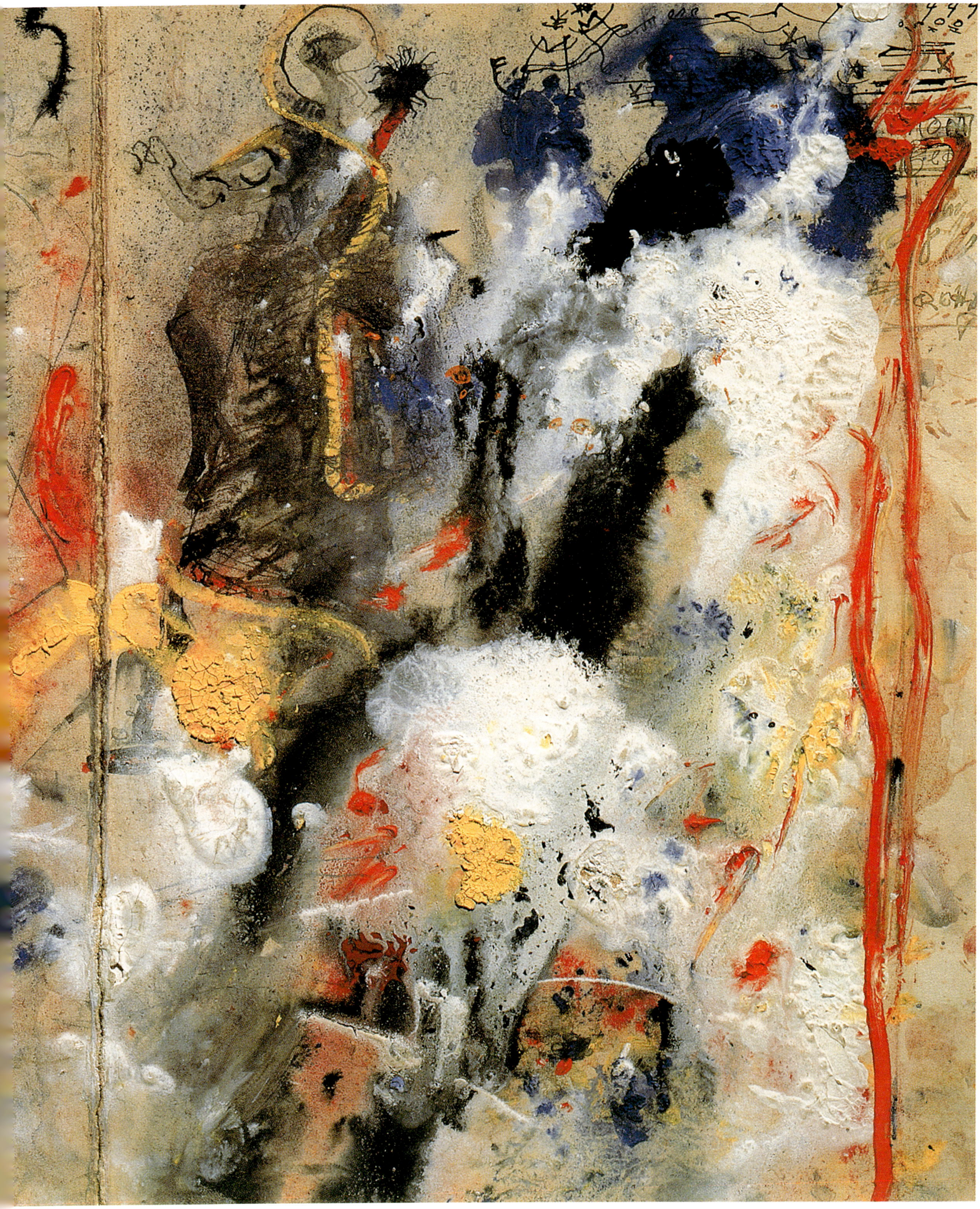

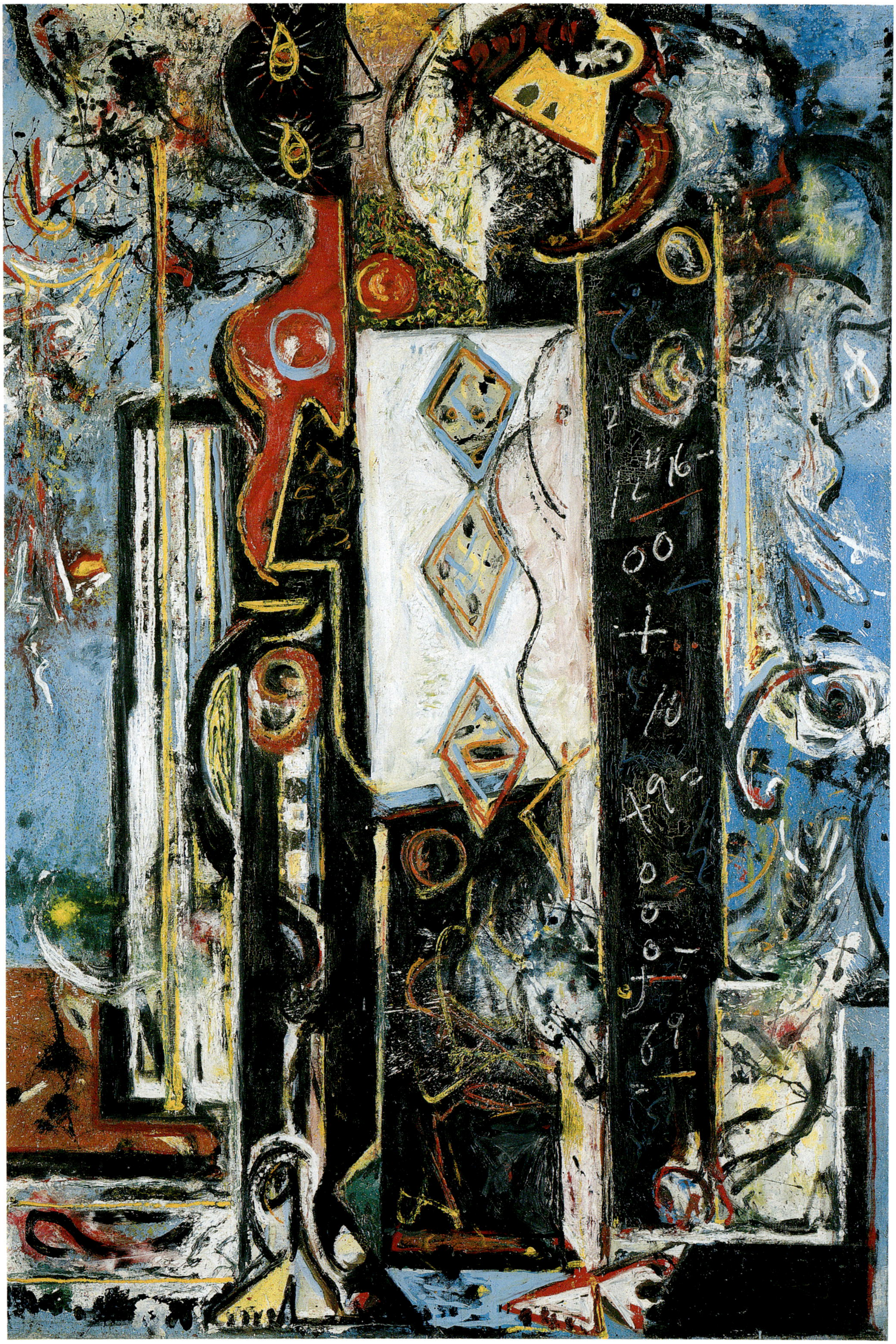

Masculin, féminin

Pollock vit avec Lee Krasner depuis août 1942 dans le petit appartement de la 8e rue. Il travaille fébrilement au cours des années 1942 et 1943, mais sa situation financière reste précaire. A partir du début 1942, des contacts s'amorcent avec Peggy Guggenheim (1898–1979), une nièce de Solomon R. Guggenheim et l'une des collectionneuses les plus importantes de l'art moderne classique, du surréalisme et de l'art contemporain. Venant de Londres, elle est arrivée en 1941 à New York. Encore mariée avec Max Ernst à l'époque, elle ouvre sa Galerie Art of This Century qui doit être « un laboratoire de recherche de nouvelles idées ».

La galerie au design extravagant (illustration à droite), œuvre de l'architecte autrichien Frederick Kiesler (1890–1965), fait tout de suite sensation, et Peggy Guggenheim sait bien s'entourer. Un de ses conseillers les plus importants est James Johnson Sweeney, le futur directeur du Guggenheim Museum. C'est lui qui veillera en 1944 à ce que le Museum of Modern Art achète le tableau de Pollock *The She-Wolf* (illustration page 42) – en fait, ce sera le tout premier achat d'un musée. Malgré ses conseils, Peggy Guggenheim hésite d'abord à rendre visite à Pollock. Elle veut attendre le jugement de Marcel Duchamp avant de prendre contact avec le jeune peintre inconnu. Pendant ce temps, pour gagner sa vie, Pollock nettoie des rouleaux à l'atelier des Creative Printmakers dans la 18e rue et est gardien au Museum for Non-Objective Painting – le futur Solomon R. Guggenheim Museum (1952) que le bâtiment de Frank Lloyd Wright (ouvert en 1959) rendra célèbre dans le monde entier.

La liaison de Pollock avec Lee Krasner serait-elle à l'origine des tableaux des femmes lunaires cités plus haut ? Cette hypothèse n'est pas exclue. Ce qu'on sait à coup sûr, c'est que les deux artistes avaient tous les deux un faible pour l'astre de la nuit et qu'après avoir acheté leur maison The Springs à Long Island en 1945, ils pouvaient passer des nuits entières à le regarder en silence. On peut en tous cas mettre en rapport le tableau *Male and Female* (illustration page 34) de 1942 avec la nouvelle situation de Pollock qui vit alors une relation durable. La fusion de l'anima et de l'animus, du principe féminin et du principe masculin, représentant un aspect central de la typologie jungienne, le tableau a fait l'objet de plusieurs interprétations par des psychanalystes; il n'en subsiste pas moins un doute quant à savoir quel personnage est masculin ou féminin.

C'est ainsi que la figure de gauche a été identifiée comme masculine à cause d'une forme rouge recourbée en son milieu, interprétée comme un pénis, et la

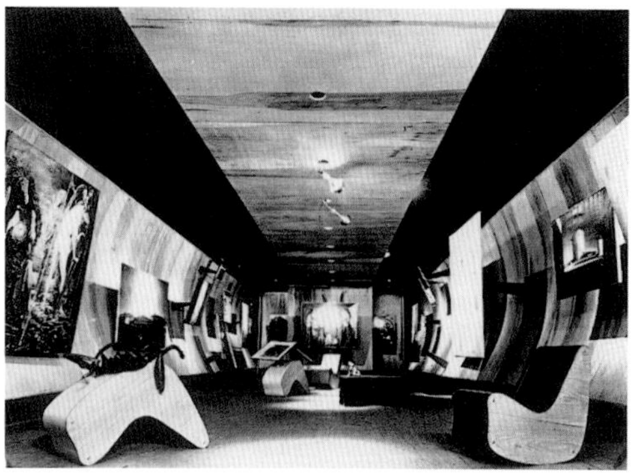

La galerie conçue par Frederick Kiesler pour la « Surrealist Gallery » Art of this Century de Peggy Guggenheim, New York 1942
Photographie : Berenice Abbott
© The Solomon R. Guggenheim Foundation, New York
Courtesy Austrian Frederick and Lillian Kiesler Private Foundation

Male and Female, vers 1942
Huile sur toile, 186 x 124,3 cm
Philadelphie, PA, Philadelphia Museum of Art.
Gift of Mr. and Mrs. H. Gates Lloyd, 1974

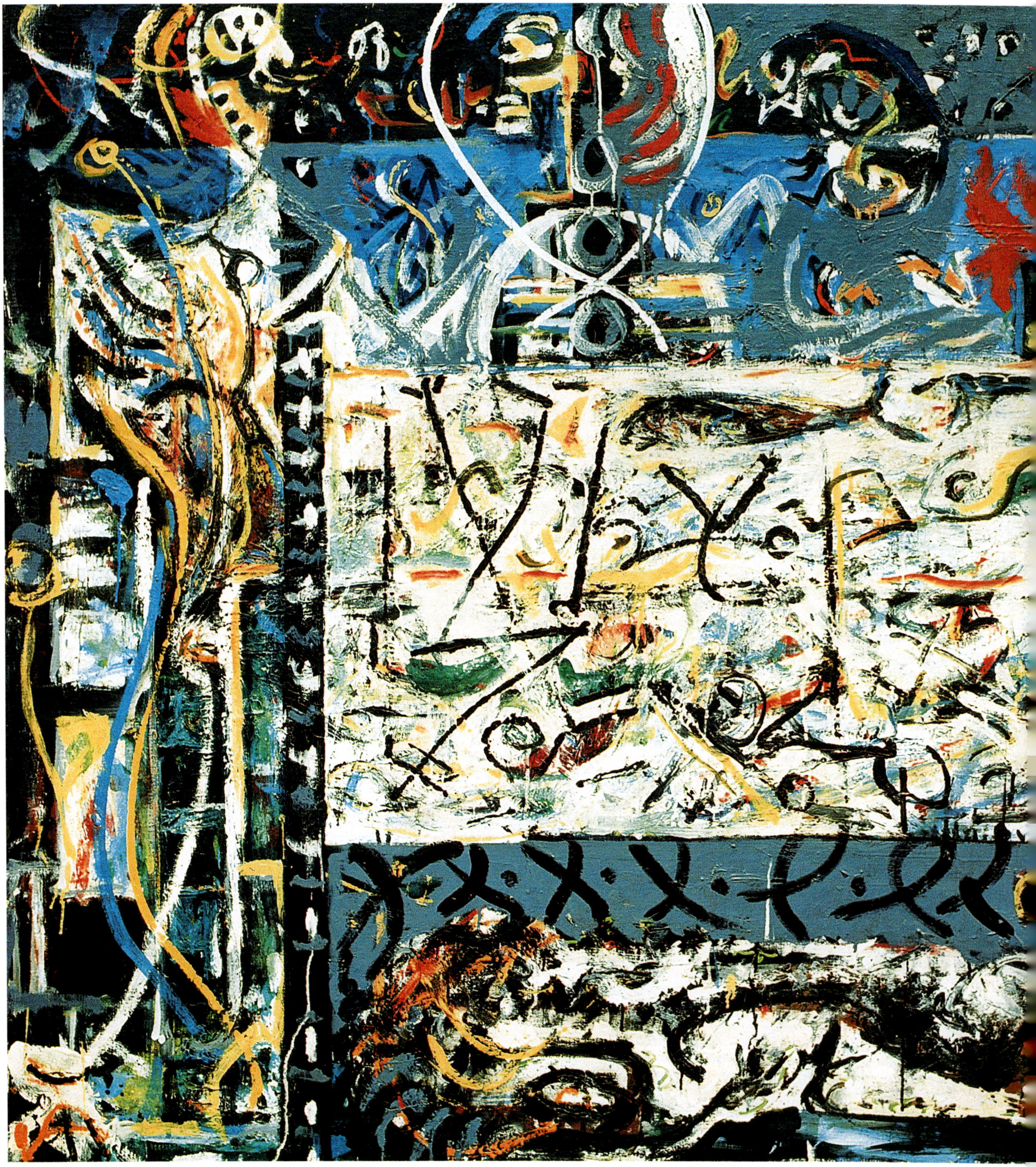

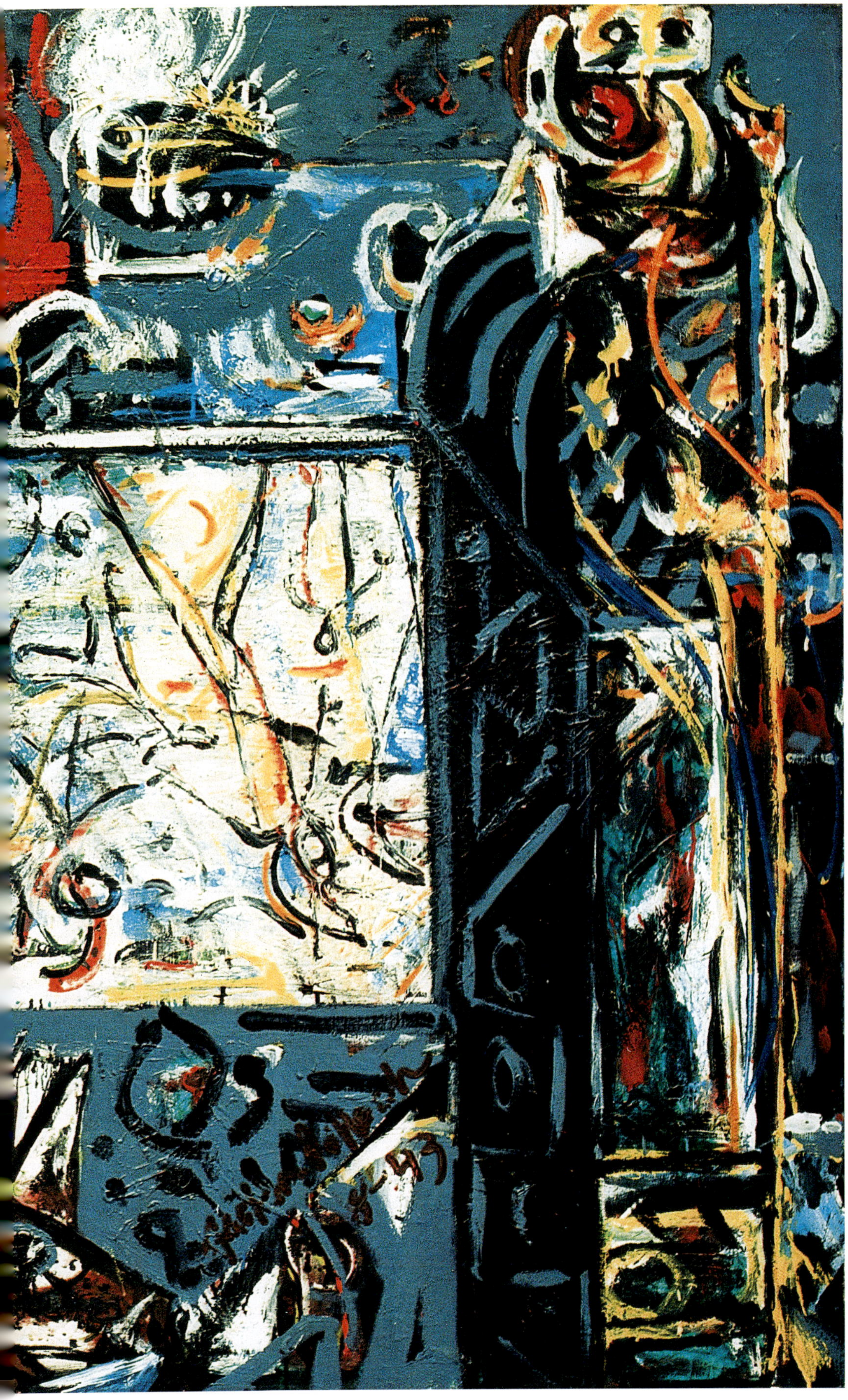

Guardians of the Secret, 1943
Huile sur toile, 123 x 192 cm
San Francisco, CA, San Francisco Museum of Art, Albert M. Bender Collection

En peignant *Guardians of the Secret,* Pollock se réfère à l'enseignement théosophique des « gardiens du seuil » que propage Krishnamurti. A cette époque, il tente de crypter et de brouiller volontairement le contenu de nombreux tableaux afin de représenter un univers magique au-delà du réel.

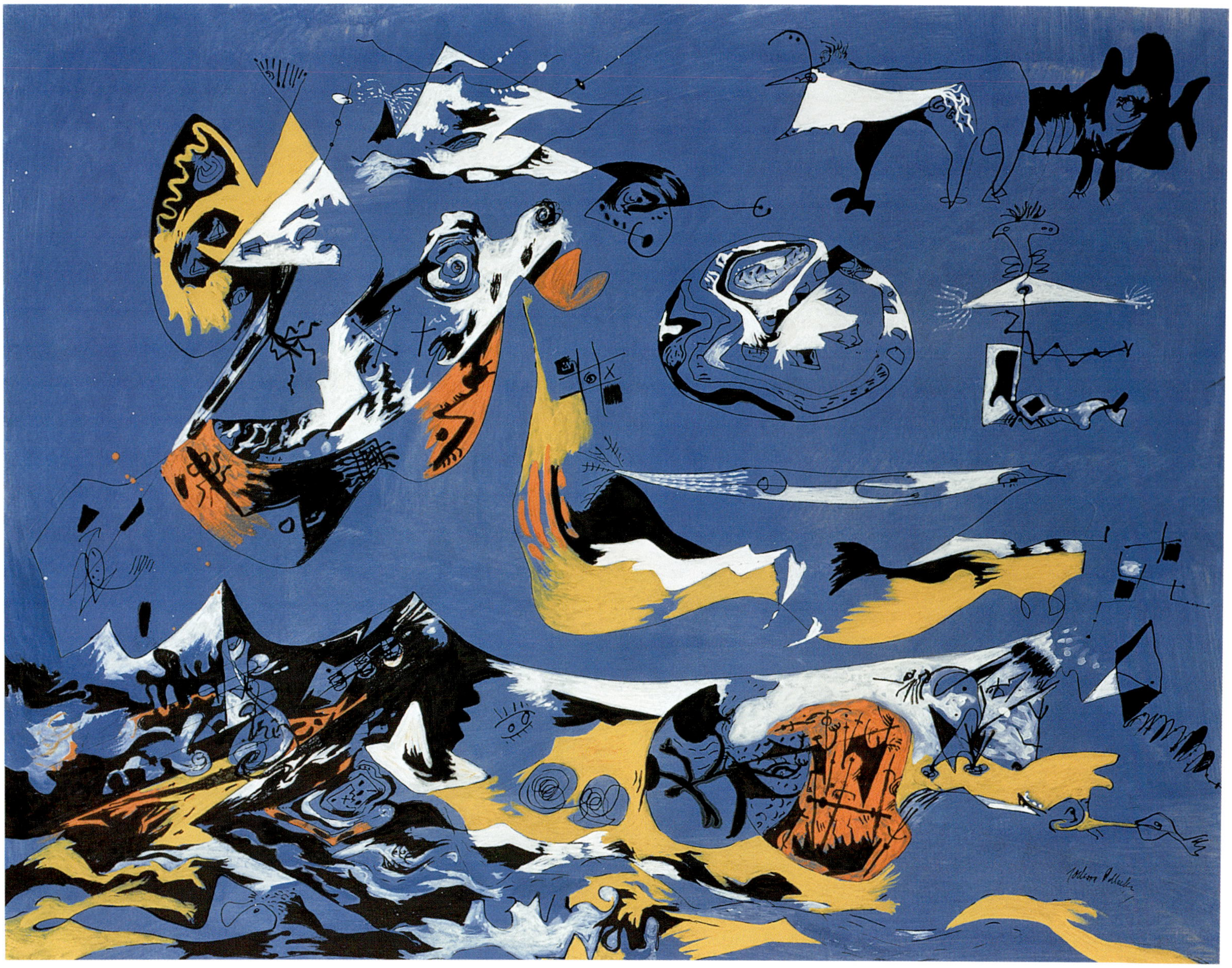

Blue (Moby Dick), vers 1943
Gouache et encre sur panneau dur,
47,6 x 60,6 cm
Kurashiki (Japon), Ohara Museum of Art

figure de droite comme féminine à cause du triangle jaune à hauteur du pubis, ce qui doit être motivé par l'iconographie chromatique de Jung. Mais on pourrait tout aussi bien décréter que la figure de gauche est féminine vu qu'elle est dotée de longs cils et d'une forme bleue saillante à hauteur de poitrine – des caractéristiques semblables de la figure de droite sont absentes, même si la configuration bleue et blanche peut être interprétée comme l'équivalent d'une éjaculation, ce qui a permis de la classer dans le genre masculin.

Il est intéressant de noter que dans *Le Baiser,* peint par Picasso en 1925, et très proche sur le plan formel de *Male and Female*, c'est l'homme qui a de longs cils ; quant au motif de losanges interprété par les psychanalystes comme symbole de fécondité, il y apparaît aussi, tout comme il apparaît dans la *Jeune fille devant un miroir* (1932) de Picasso qui se trouve au Museum of Modern Art et que Pollock connaissait à coup sûr. Si Pollock se réfère dans son tableau au concept jungien d'anima et d'animus, c'est justement parce qu'il évite une classification sexuelle spécifique d'une des figures et qu'il développe les parties antithétiques sur le plan sexuel de chacune des figures.

L'intérêt de Pollock pour les thèmes mythiques continuera de dominer le début des années 40. Le titre de *Guardians of the Secret* (illustration pages 36–37) se réfère à la conception théosophique des « gardiens du seuil », dont Pollock se

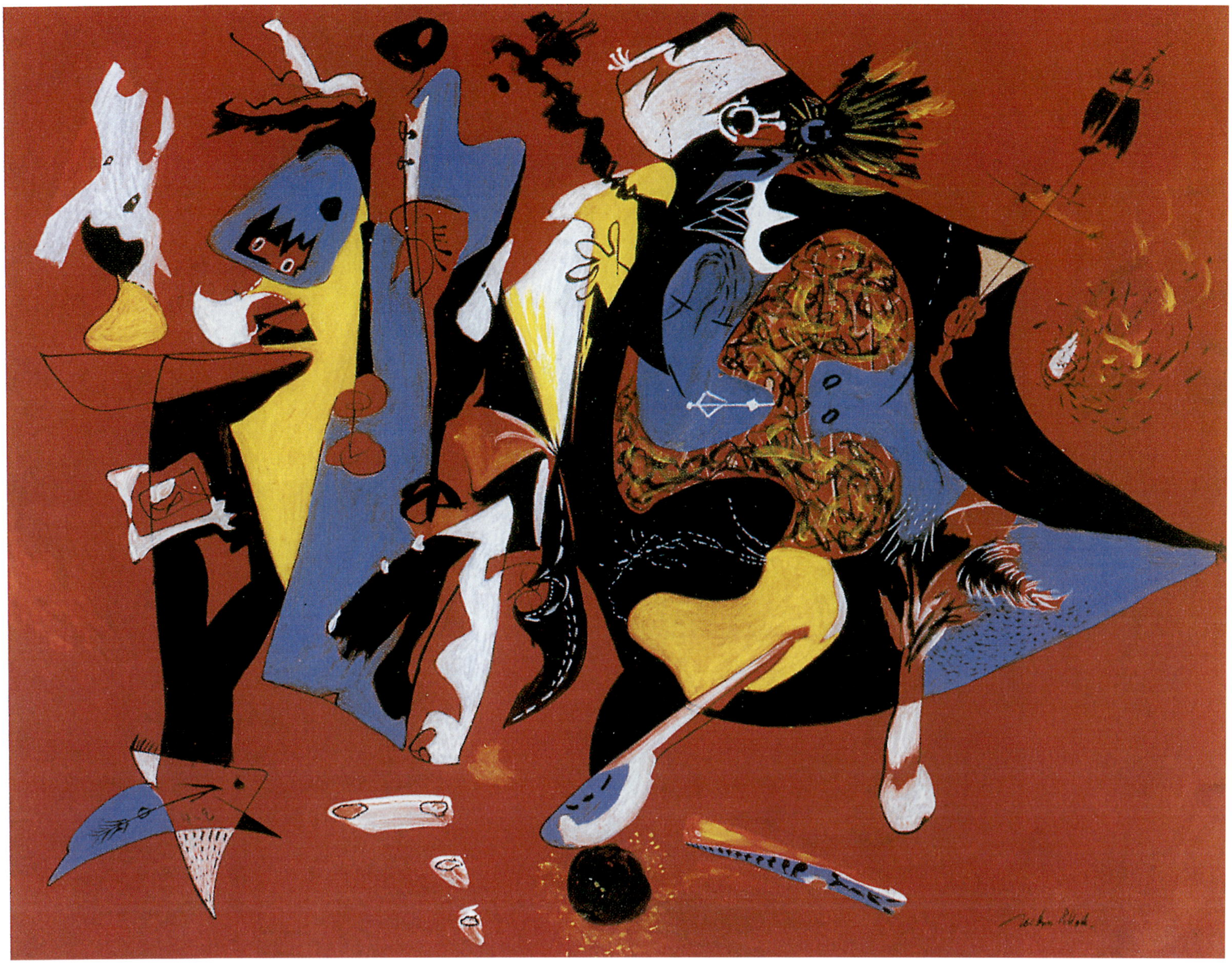

souvient pour l'avoir entendue dans les conférences de Krishnamurti. Le grand format montre deux personnages à l'air martial campés à gauche et à droite du tableau et, entre eux, un rectangle au fond blanc sur lequel, si l'on renverse le tableau, on peut distinguer des bonshommes en traits tels qu'ils apparaissent sur les carnets de croquis de Pollock et qui sont peut-être inspirés de Paul Klee. Un animal ressemblant à un chien est couché sous le rectangle ; il a sans doute lui aussi une fonction de gardien. Quant à savoir quelle énigme recèlent les deux personnages et le chien – le mystère reste entier.

Le penchant de Pollock pour les thèmes picturaux cryptés, occultes, qui invoquent une supra-réalité archétypique mystérieuse, interdit a priori une lecture sans équivoque du contenu. Rien d'étonnant donc, si certains signes inscrits dans le rectangle central qui doit sans doute représenter ou contenir le mystère, sont probablement inspirés du Quatrième Livre de « De occulta philosophia » du grand connaisseur de littérature cabbalistique de la Renaissance Agrippa von Nettesheim (1486–1535). Pollock connaissait cet ouvrage pour en avoir vu deux pages illustrées dans le numéro février-mars de 1942 du magazine « View ».

Des figures à l'aspect de gardiens apparaissent aussi sur les bords du tableau *Pasiphaë* (illustration pages 40–41) réalisé en 1943, et qui doit son titre non à Pollock mais à Sweeney. Une figure dont on reconnaît les mains et les pieds

Red and Blue, vers 1943–1946
Gouache, détrempe et encre sur panneau dur, 48,6 x 61 cm
Collection Charles H. Carpenter Jr.

ILLUSTRATION PAGES 40–41 :
Pasiphaë, 1943
Huile sur toile, 142,6 x 243,8 cm
New York, The Metropolitan Museum of Art. Purchase, Rogers, Fletcher and Harris Brisbane Dick Funds and Joseph Pulitzer Bequest, 1982 (1982.20)

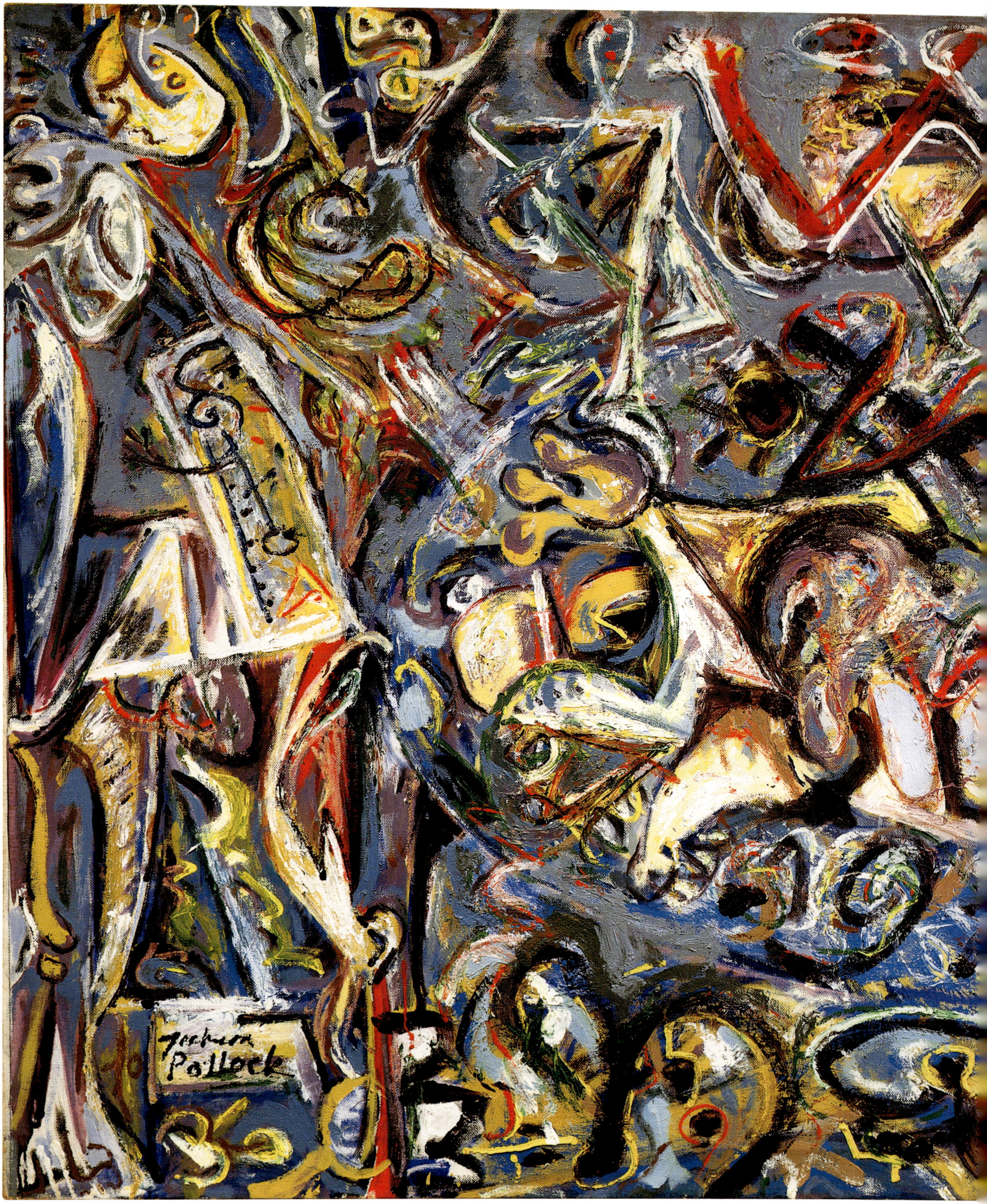
Jackson
Pollock

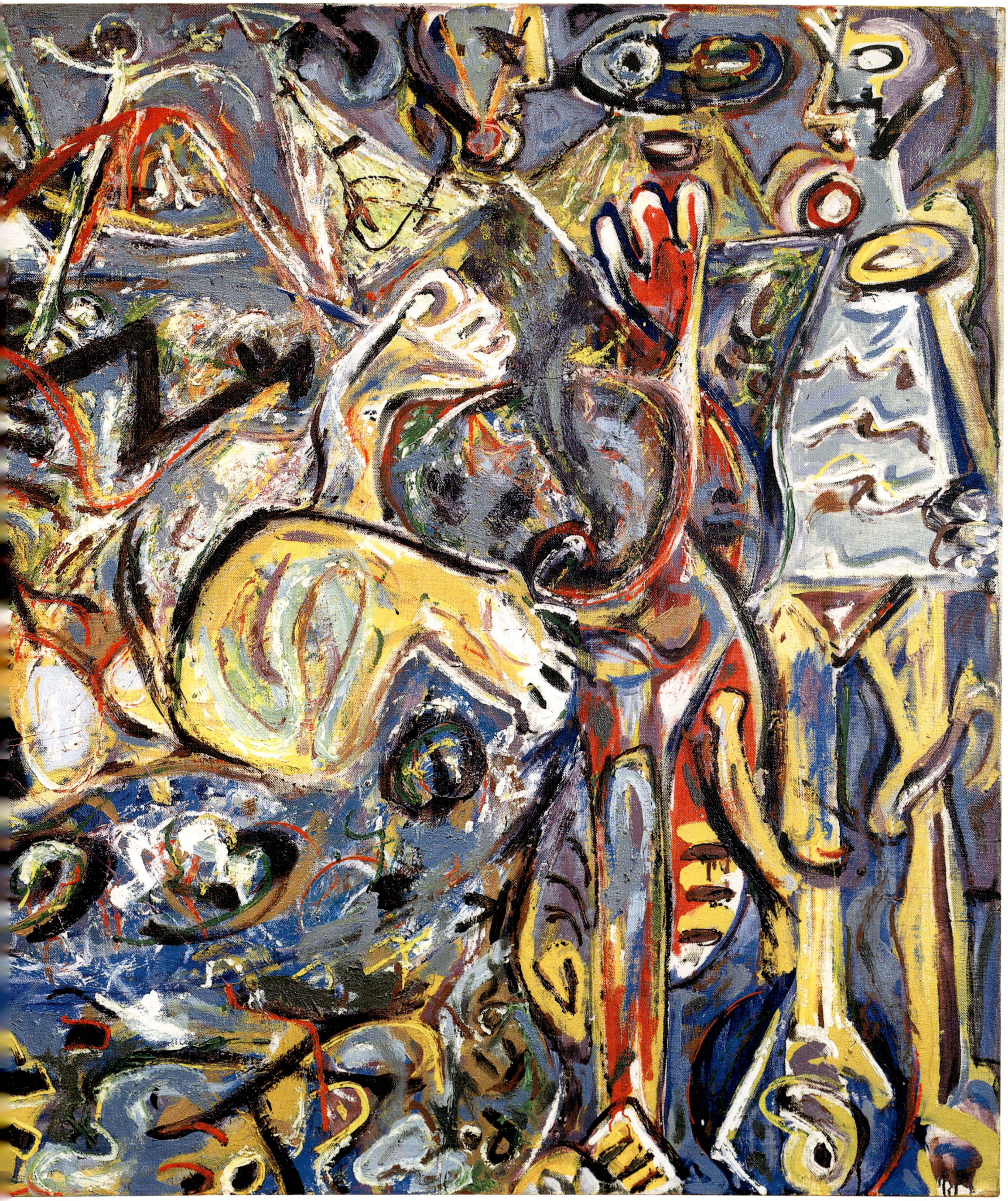

s'étire entre les deux gardiens tournés vers le centre du tableau. Un dessin réalisé à la même époque montre dans sa partie inférieure une femme allongée sur un animal et qui jette ses bras en arrière comme en proie à la crainte ou à l'extase. L'analogie avec la figure centrale de *Pasiphaë* est évidente, mais ici la forme bleue ovale qui entoure le personnage, dont rien ne prouve d'ailleurs qu'il s'agit d'une femme, ressemble davantage à un lit ou une table qu'à un animal. Peut-être Sweeney n'a-t-il jeté qu'un coup d'œil fugitif sur le tableau en entrant dans l'atelier et l'a interprété trop vite, motivé par sa connaissance d'un tableau de même titre d'André Masson. Pollock ne connaissait pas le mythe de l'épouse de Minos, roi de Crète, tombée amoureuse d'un superbe taureau et qui se fit construire une vache en bois pour avoir des rapports sexuels avec lui, donnant naissance plus tard au Minotaure – Lee Krasner rapporte que Pollock aurait répondu à la proposition de Sweeney en disant : « Mais qui c'est Pasiphaé ? ». Il convient donc de ne pas se fier au titre de nombre de ses tableaux à contenu anecdotique, mythologique ou simplement narratif, car souvent Lee Krasner en est à l'origine et non le peintre. Ils orientent l'interprétation dans une certaine direction sans que ceci ait été dans l'intention de Pollock.

Au début des années 1940, Pollock expérimente des compostions et des techniques toujours nouvelles. On le distingue aisément si on compare *Pasiphaë* avec le tableau *Blue (Moby Dick ;* illustration page 38) réalisé vers 1943. Face à la facture expressive, apparemment rapide et non-figurative de *Pasiphaë*, qui gomme la différence entre le fond et la figure, *Blue* montre une composition picturale sobre, réservée, combinant un fond bleu avec des figures esquissées rouges, noires et jaunes clairement inspirées de Miró. Des traces du pinceau sec au début de l'application de la couleur et à la fin ne sont pas signes d'expressivité mais sont

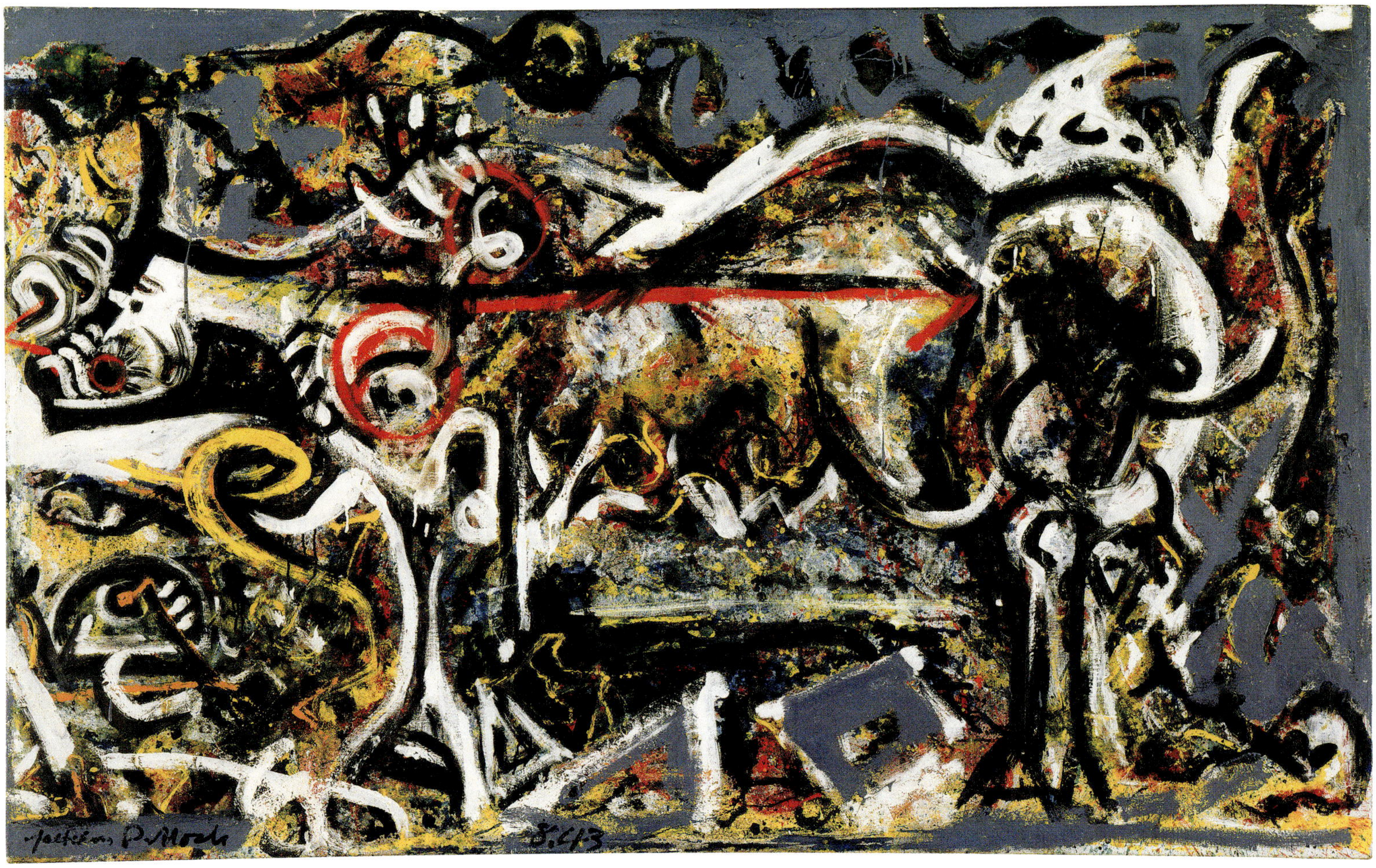

The She-Wolf, 1943
Huile, gouache et plâtre sur toile,
106,4 x 170,2 cm
New York, The Museum of Modern Art.
Purchase

The She-Wolf est la première œuvre de Pollock qui sera achetée par un musée américain, le Museum of Modern Art, grâce à l'intervention de Piet Mondrian. Il s'emploiera aussi pour que Peggy Guggenheim consacre au peintre une première exposition dans sa galerie The Art of This Century.

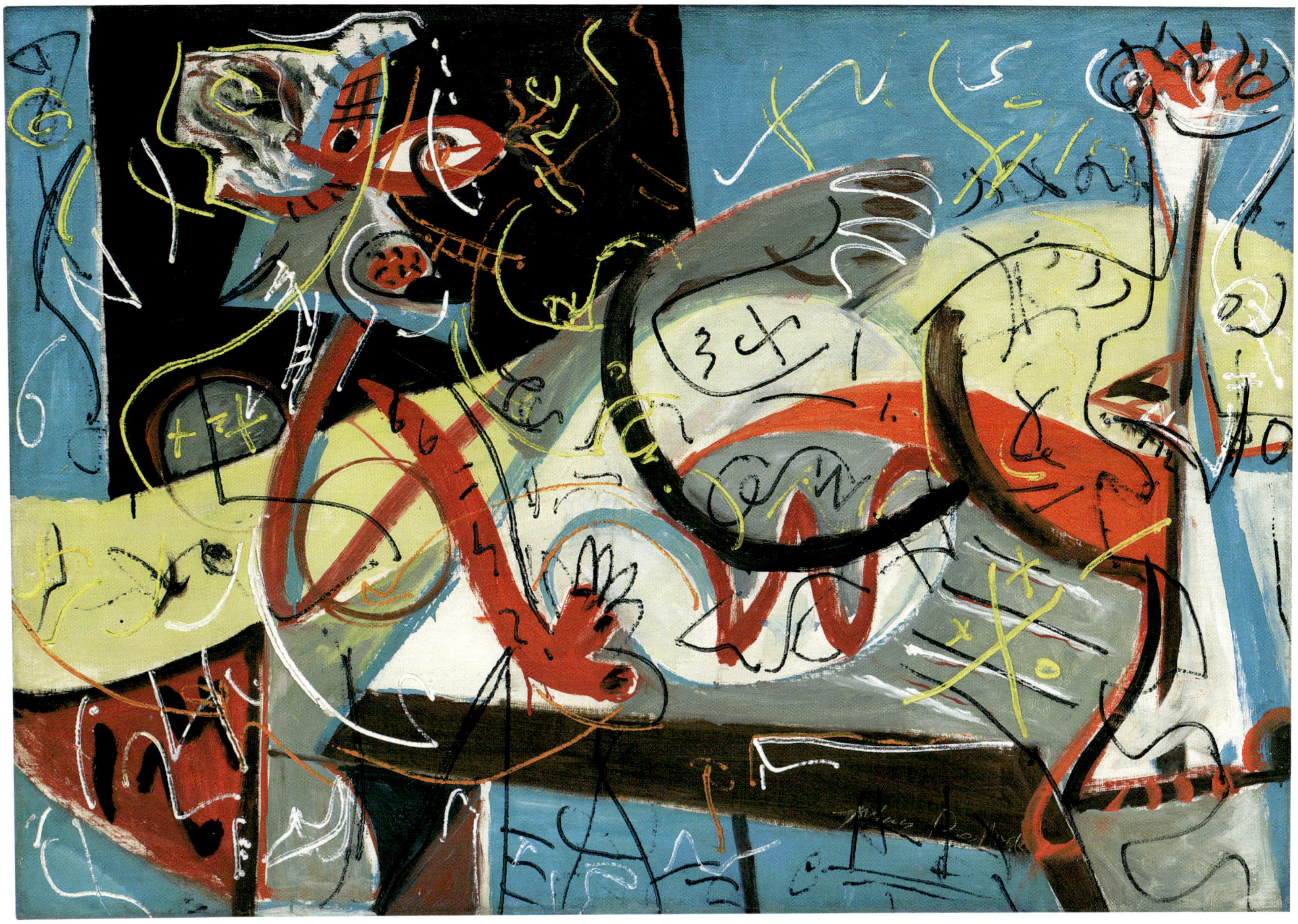

Stenographic Figure, 1942
Huile sur toile, 101,6 x 142,2 cm
New York, The Museum of Modern Art.
Mr. and Mrs. Walter Bareiss Fund

La première phase de l'œuvre de Pollock est fortement marquée par sa confrontation avec les œuvres de Pablo Picasso. *Stenographic Figure* associe l'influence d'*Intérieur avec fillette dessinant* de Picasso à la légère palette méditerranéenne d'Henri Matisse.

des éléments consciemment mis en œuvre suivant un calcul compositionnel précis. On ne peut ignorer ici – ni d'ailleurs dans *Red and Blue* (illustration page 39) peint entre 1943 et 1946 – une volonté claire et froide de montrer une image définie qui met un terme à toute exubérance expressive. *Blue (Moby Dick)* évoque en particulier beaucoup les découvertes picturales de Vassily Kandinsky au cours des années 1940, par exemple *Bleu de Ciel* (1940) dans lequel sur un fond bleu flou déterminant l'impact du tableau, des formes organiques-amiboïdes ou semblables à des crabes sont réparties sur tout le champ pictural. Ici aussi, on observe le langage pictural contrôlé, la distinction claire entre la figure et le fond ainsi que l'évocation absolument non pathétique, inexpressive, d'une réalité spirituelle non empirique.

Deux tableaux importants de cette époque illustrent une dichotomie similaire dans les manières de procéder de Pollock : *The She-Wolf* (illustration page 42), mentionné plus haut, se réfère sur le plan thématique à la louve du Capitole qui aurait allaité les deux fondateurs de Rome, Romulus et Rémus. On reconnaît distinctement la tête de la louve, tournée vers la gauche, et ses mamelles gonflées de lait. En revanche, il est difficile de trouver une explication à l'arrière-train bossu de l'animal. En se référant aux peintures rupestres de la préhistoire que Pollock connaissait pour en avoir vu des illustrations, la partie postérieure du corps de la louve est interprétée comme la partie antérieure du corps d'un mastodonte. Pollock a ainsi créé un être hybride en fusionnant deux corps d'ani-

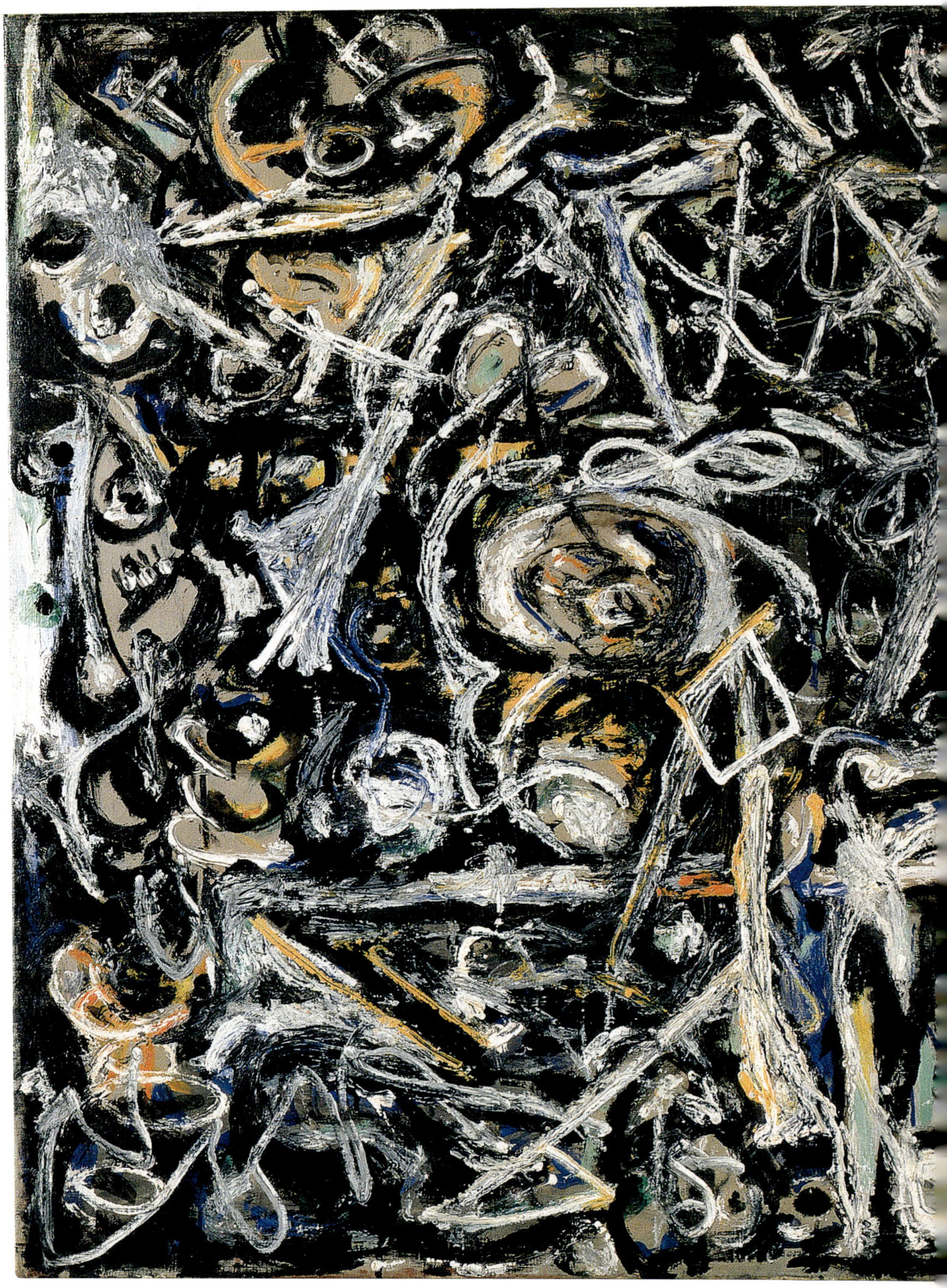

Night Mist, 1945
Huile sur toile, 99,1 x 183,2 cm
West Palm Beach, FL, Norton Museum of Art.
Purchase, the R.H. Norton Trust, 71.14

maux. Si l'on songe à la thématique de la synthèse des contraires et des sexes qui apparaît dans d'autres tableaux, cette interprétation semble plausible, mais elle n'est guère évidente sur le plan visuel. Car comment comprendre alors la flèche rouge partant de la tête de la louve et pointée sur celle du mastodonte ? Qu'elle soit le signe d'une blessure infligée par un chasseur, telle qu'elle apparaît dans les peintures rupestres, ou symbole de fertilité – la flèche est dans les deux cas dénuée de sens. Il est également impossible d'interpréter de manière figurative nombre des configurations linéaires biomorphiques ou rhomboïdales qui se tordent autour du corps. Cette tendance de Pollock à obscurcir plutôt qu'à élucider se renforcera par la suite et le mènera finalement aux tableaux de « coulures », qui ne sont jamais complètement abstraits dans le sens d'une abstraction pure,

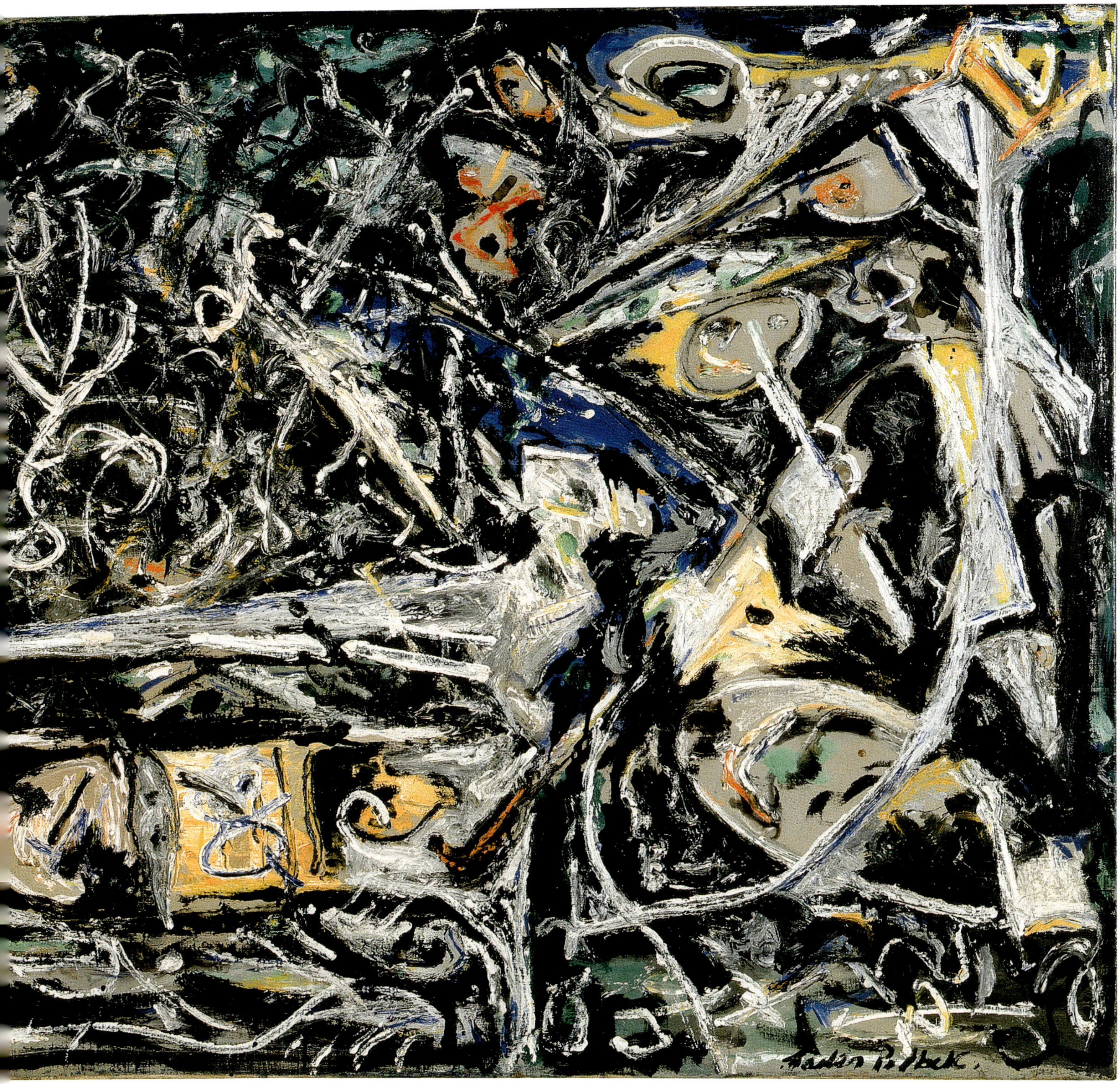

car sous le dense réseau de lignes réparti sur toute la surface du tableau – le all-over –, on trouve toujours des figures ou des configurations figuratives à leurs débuts.

De violents contours noirs et blancs définissent le corps de *The She-Wolf.* Sur un fond gris et lisse à l'air neutre, Pollock a développé la figure à l'aide d'une technique mixte de gouache et d'huile en utilisant du plâtre pour accentuer le caractère tactile. Finalement, ce ne sont que les dernières lignes de contours apportées qui font saillir la figure dans la masse de couleurs mélangées que le peintre a fait couler, qu'il a projetées, secouées au-dessus de la toile.

Il en va tout autrement avec *Stenographic Figure* (illustration page 43) de 1942. Ici l'ambiance chromatique méditerranéenne, l'utilisation de bleu ciel, de rouge clair et de jaune pastel ainsi que de lignes ornementales, de chiffres et de lettres griffonnés placés librement, reflète l'influence de Henri Matisse.

Alors que *The She-Wolf*, première toile achetée par un grand musée, marque une sorte de césure symbolique dans la carrière de Pollock, *Stenographic Figure* prépare de manière factuelle la voie à une reconnaissance plus grande. Pollock avait présentée la toile au « Salon de printemps des jeunes artistes » (exclusivement américains) organisé dans la Galerie de Peggy Guggenheim et dont le jury était composé entre autres de Marcel Duchamp, l'assistant de Peggy Guggenheim, Howard Putzel, James Johnson Sweeney et Piet Mondrian. Alors que Guggenheim ne se montre nullement impressionnée par l'œuvre de Pollock, Mondrian dont l'art constructif commence à se libérer rythmiquement à New York grâce à l'influence du jazz, a une phrase étonnante : « J'essaie de comprendre ce qui se passe ici. Je pense que c'est l'œuvre la plus intéressante que j'aie vue jusqu'ici en Amérique. [...] Tu ne dois pas perdre cet homme de vue. » Cette évaluation positive de son œuvre n'ouvre pas seulement à Pollock la porte de la galerie de Peggy Guggenheim mais aplanit aussi la voie au peintre.

Putzel, Sweeney et Matta aussi bien que Duchamp s'étant prononcés en faveur de Pollock, Peggy Guggenheim fixe les dates de la première exposition privée du peintre à Art of This Century – du 9 au 27 novembre 1947. C'est aussi la première exposition particulière d'un peintre américain dans sa galerie. Dans l'avant-propos au catalogue. Sweeney rend hommage au talent de Pollock : « volcanique. Cela a du feu. C'est imprévisible. C'est indiscipliné. [...] c'est extravagant, explosif, désordonné. [...] Ce dont nous avons besoin, c'est davantage de jeunes hommes qui peignent sur le coup d'une pulsion intérieure, sans se préoccuper de ce que ressentent les critiques ou les spectateurs – des peintres qui prennent le risque de dévaster une toile pour dire quelque chose à leur manière. Pollock est l'un d'eux. » La plupart des critiques adopteront cette vision et consacreront à Pollock des commentaires réservés mais dans l'ensemble bienveillants. Clement Greenberg (1909–1994), qui peut être considéré comme le plus influent critique d'art américain de la seconde moitié du 20e siècle, est l'un d'eux. Il écrit depuis la fin des années 1930 pour des revues de gauche comme le « Partisan Review » et ses livres sur Joan Miró et Hans Hofmann ainsi que son ouvrage « Art and Culture », paru en 1961, le rendront célèbre.

Sa relation avec Jackson Pollock représente une symbiose unique entre un artiste et un théoricien. De temps en temps, il semble que Greenberg élabore sa terminologie, consignée plus tard dans « Art and Culture », et ses théories en s'appuyant sur des œuvres de Pollock et, dans l'autre sens, le succès de Pollock semblent justifier les idées de Greenberg sur la détermination de l'art moderne. Son opinion selon laquelle le tableau de chevalet caractérise la société bourgeoise en décadence et qu'il doit être remplacé par la peinture murale en est la parfaite illustration. Il encouragera Pollock a peindre des formats de plus en plus grands, et la demande de bourse à la Fondation Guggenheim citée plus haut dans laquelle Pollock décrit la peinture murale comme la forme picturale de l'avenir pourrait avoir été dictée par Greenberg. Celui-ci peut réaffirmer ses convictions – elles trouvent leur source chez Hegel et Marx et nous semblent aujourd'hui bien étranges – selon lesquelles la marche de l'histoire est pour ainsi dire voulue par la force des choses, en guidant son déroulement et en intervenant sans hésiter dans l'évolution de la peinture, ce qui fait qu'à la fin elle confirme ses prévisions et pronostics.

Le fait que Greenberg donne à l'œuvre de Pollock le pas sur celle du peintre français Jean Dubuffet (1901–1985), considéré à l'époque aux Etats-Unis comme

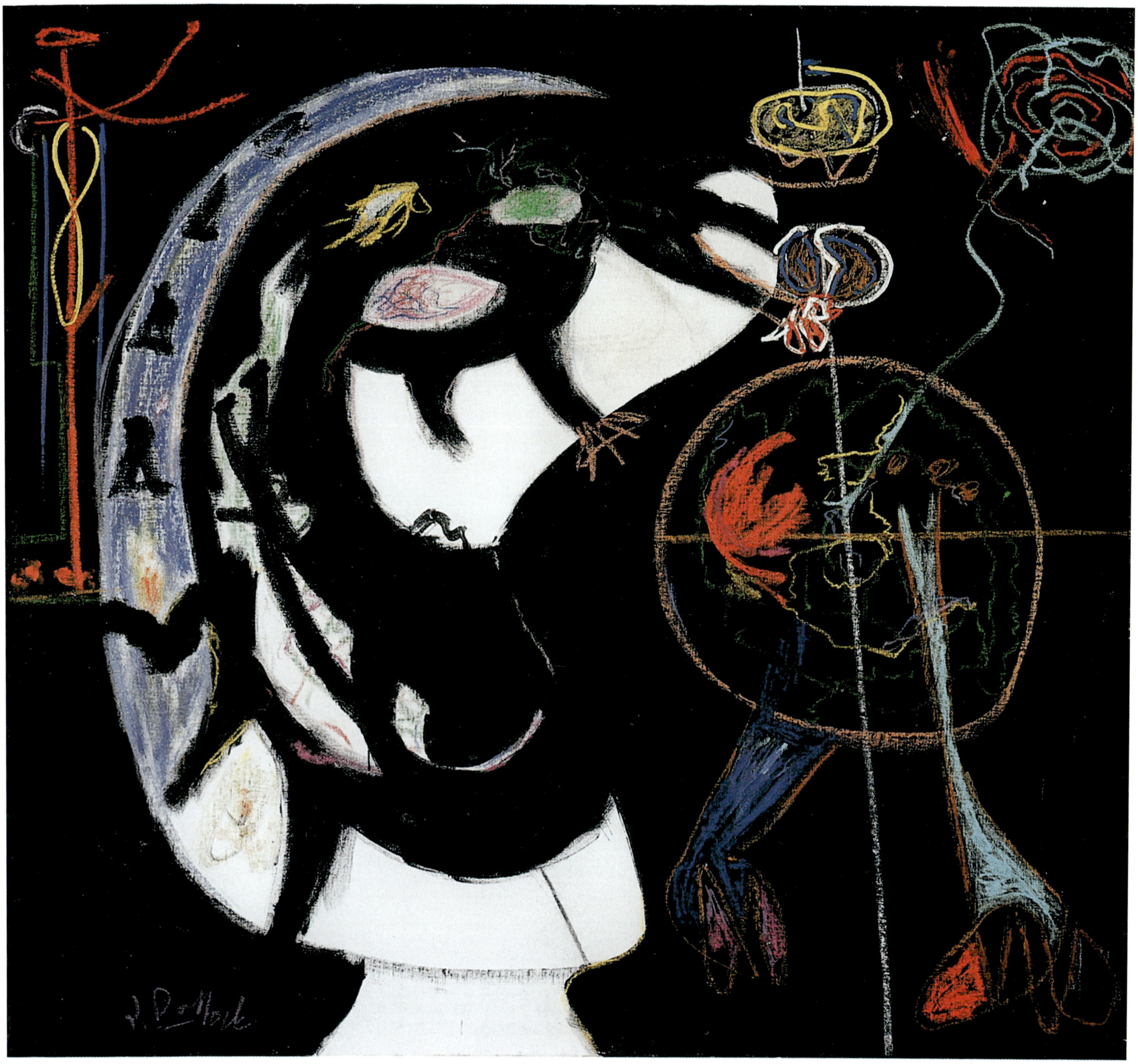

Night Sounds, vers 1944
Huile sur toile, 109,2 x 116,8 cm
The Pollock-Krasner Foundation, Inc., New York

le peintre contemporain le plus important, contribuera de manière décisive à ce que New York prenne la suite de Paris en tant que centre artistique et que la New York School s'établisse comme le moteur de l'avant-garde.

Le contradicteur de Greenberg est le critique d'art Harold Rosenberg (1906–1978) qui tente de déterminer une forme américaine spécifique de la peinture moderne. C'est Rosenberg qui forgera le concept d'« Action painting » apparu pour la première fois dans son article de 1952 intitulé « The american action painters ». Dans ce qui peut être considéré comme une sorte de manifeste de l'expressionnisme abstrait américain, Rosenberg définit la peinture comme une action. Celle-ci serait d'une importance bien plus grande que le tableau achevé, et il voit dans le mouvement de l'expressionnisme abstrait, dans le même ordre d'idées que Greenberg, « le courant artistique le plus vigoureux et le plus original dans l'histoire de cette nation ».

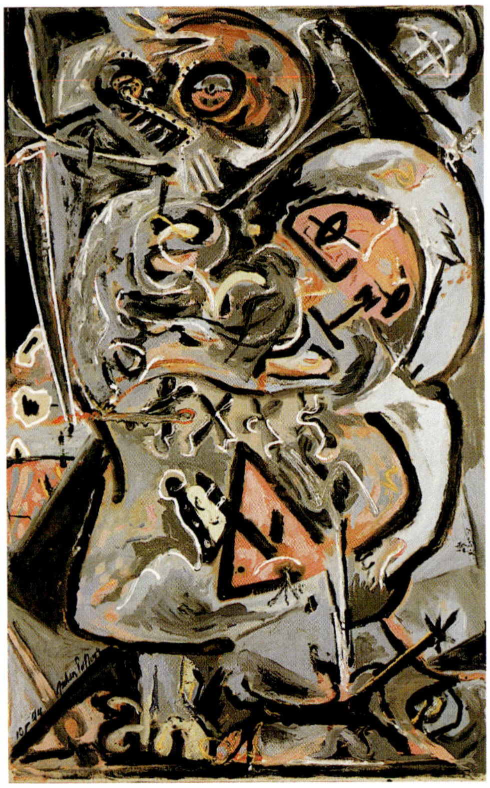

Totem Lesson 1, 1944
Huile sur toile, 177,8 x 111,7 cm
Collection of Mr. and Mrs. Harry W. Anderson

Totem Lesson 1 et *2* prouvent l'importance de l'art et des cultes amérindiens pour l'évolution de la peinture de Pollock. Sur le plan stylistique, *Totem Lesson 2* anticipe le principe des cut-outs, une forme de collage, avec l'aide desquels il réintroduira la figure humaine dans son art durant la phase de l'abstraction linéaire.

Finalement, c'est Greenberg qui fera autorité en ce qui concerne la carrière de Pollock. C'est Lee Krasner qui les avait présentés l'un à l'autre lors d'une rencontre avec son professeur Hans Hofmann, début 1942. Hofmann, dont l'influence sur l'évolution de l'expressionnisme abstrait doit être hautement estimée, reprocha à Pollock de travailler trop peu d'après la nature, ce à quoi celui-ci répondit : « Je suis la nature. » Cette phrase souvent citée est capitale si l'on veut comprendre la peinture de Pollock et l'idée qu'il se faisait de lui-même. Cette remarque reflète encore, c'est vrai, le panthéisme des théosophes que Pollock avait côtoyés autrefois, mais pour lui il s'agit de bien davantage que d'un simple concept intellectuel. Des amis rapporteront à maintes reprises avec quelle empathie, avec quelle intensité Pollock se met au diapason du monde non-humain. Les hybrides mi-homme, mi-animal de ses premiers tableaux, le concept de totémisme, la fusion des contraires, la référence à un art antérieur à la culture, préhistorique ou « primitif », le renoncement à une civilisation qui porte la terrible responsabilité de la Deuxième Guerre mondiale, la transformation du peintre en chaman, une sorte de médium, de l'inconscient duquel l'art coule pour ainsi dire de manière incontrôlée à travers la raison – tous ces aspects sont concentrés dans cette phrase qui leur donne une justification.

Peindre ce n'est pas produire de l'« art » mais une action au cours de laquelle l'inconscient de l'homme se livre directement et par laquelle l'artiste s'unit aussi bien au monde animal qu'au monde végétal. Pollock ne veut pas travailler « d'après la nature » mais comme elle, parallèlement à elle. Il peut alors dire : « Je m'occupe des rythmes de la nature... Je travaille de l'intérieur vers l'extérieur, exactement comme la nature. »

Aussi bien sur le plan de la technique que du contenu, les trois années suivantes voient aussi s'affronter deux stratégies. C'est ainsi que *Night Mist* (illustration pages 44–45) de 1945 représente la tendance déjà décrite à faire allusion à des figures tout en empêchant leur identification précise en les dotant d'une multitude d'interprétations possibles.

Face à lui se dresse un tableau comme *Night Sounds* (illustration page 47), réalisé vers 1944 et qui évoque immédiatement Mirò. L'expressivité de la facture est contenue, quelques rares craquelures, quelques lignes placées avec économie suffisent à définir, en un contraste presque brutal avec le fond noir de l'arrière-plan, la figure à l'aspect de gardien qui se dresse sur le bord gauche du tableau. Sur le plan thématique, Pollock continue aussi de se référer dans des tableaux comme *Totem Lesson 1* (illustration à gauche) et *Totem Lesson 2* (illustration page 49) aux cultes amérindiens. *Totem Lesson 1* reprend clairement l'agencement pictural de *Birth*, même si la violence du tourbillon des formes isolées paraît un peu réprimée. On distingue une figure massive qui semble se dresser sur des pieds trop courts. Un triangle orange pourrait symboliser le pubis féminin dans lequel s'enfonce un pénis éjaculant en forme de baguette. Le « thorax » se dissout dans un mélange de coups de pinceaux orientés en sens contraire ; une forme circulaire entourée d'une ligne demi-circulaire semble désigner l'œil et la tête. La forme en semi-cercle n'est pas seulement répétée en haut à droite près du bord mais aussi à côté d'une tête clairement inspirée de Picasso et reprend le motif en demi-lune cher à Pollock. D'un autre côté, avec le recul, *Totem Lesson 2* semble anticiper des tableaux qui verront le jour quelques années plus tard, après 1950. L'isolation des figures et des fragments de figures anticipe, même si l'arrière-plan est apaisé, le principe des cut-outs – des découpages – par le biais desquels Pollock, pendant la phase des drip-paintings, réintroduira en partie le principe de la figure dans sa peinture.

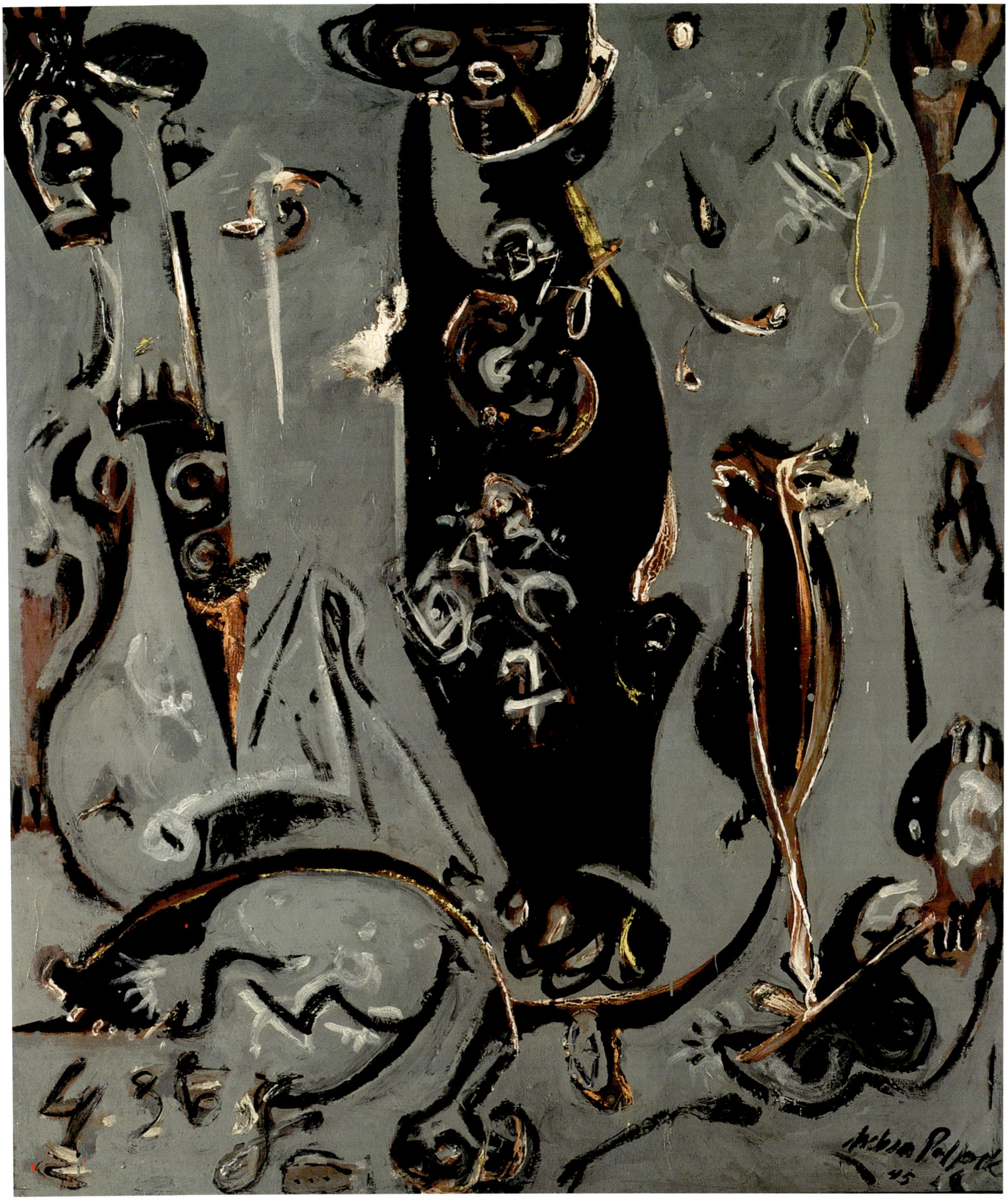

Totem Lesson 2, 1945
Huile sur toile, 182,9 x 152,4 cm
Canberra, National Gallery of Australia, 1986. 1046

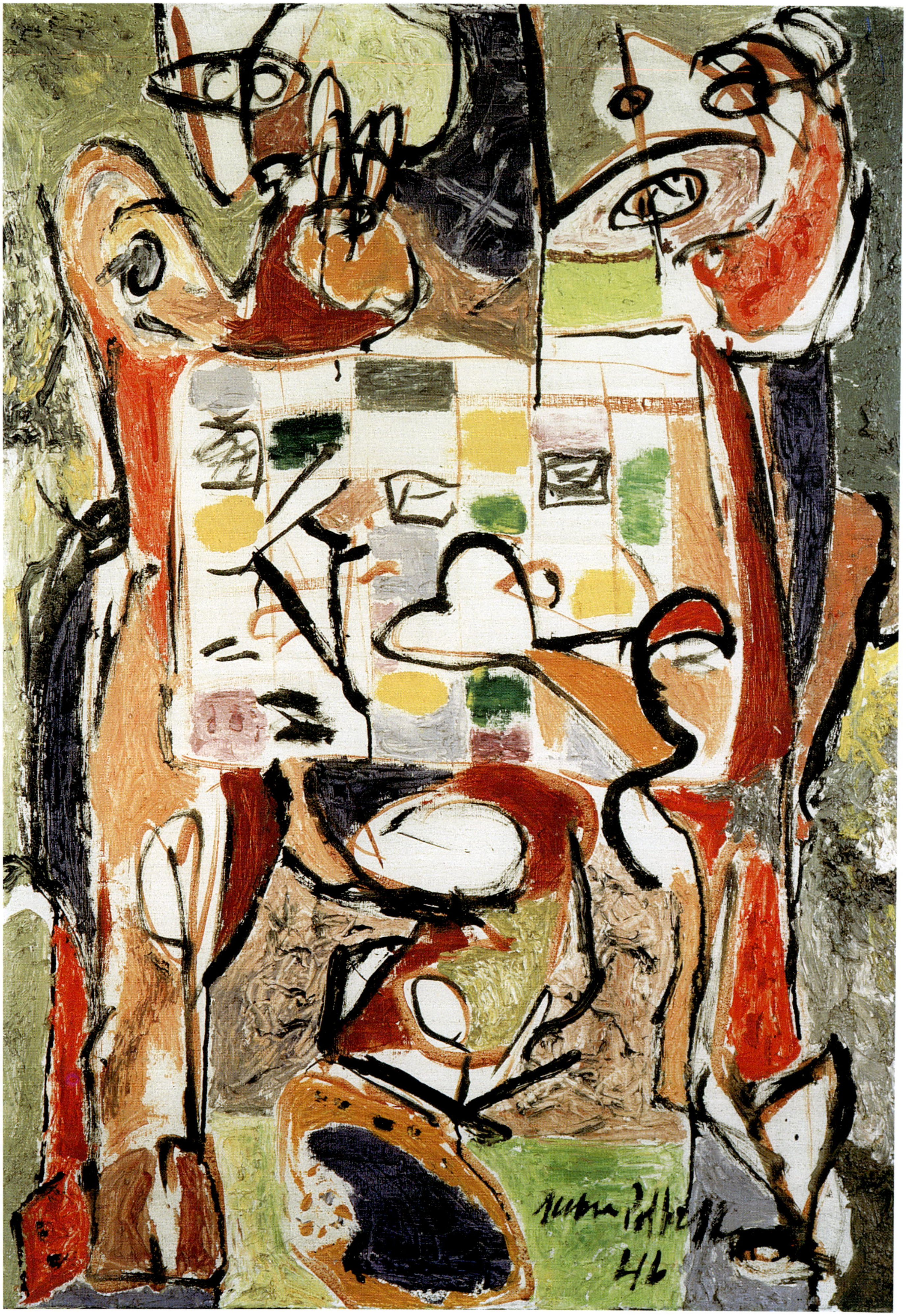

« Horrible, morbide et extrême »

L'année 1945 apporte de nombreux changements. Pollock présente au Arts Club de Chicago sa première exposition personnelle hors de New York, laquelle sera reprise en automne au San Francisco Museum of Art. Du 19 mars au 14 avril, il expose ensuite à la galerie Art of This Century des tableaux comme *Totem Lesson 1* et *2*, *Night Mist, Two* (illustration à droite) ainsi que *There Were Seven in Eight* (illustration pages 52–53). *Two* (1943–1945) est clairement rattaché à *Male and Female* (illustration page 34), peut-être avec une accentuation plus marquée du contenu sexuel. *There Were Seven in Eight,* dont les dimensions sont à peu près la moitié de *Mural*, a été commencé avant celui-ci mais ne sera achevé qu'au printemps 1945. Lee Krasner déclare que « Nombre d'entre elles, nombres des plus abstraites commencent avec une image plus ou moins reconnaissable – des têtes, des fragments de corps, des créatures fantastiques. » Lorsqu'elle demandera à Pollock pourquoi il ne termine pas le tableau quand s'y trouve « une image aboutie », il répondra : « J'ai choisi de voiler l'imagerie. » Robert Motherwell, un des intellectuels de l'expressionnisme abstrait, critiquera les premiers tableaux de Pollock, trouvant que celui-ci semble avoir des difficultés à trouver le sujet juste, et dans une certaine mesure, les tableaux de Pollock, qui marient souvent plusieurs motifs sans cohérence interne ou obscurcissent consciemment le thème pictural, lui donnent raison. Dans cet ordre d'idées, il est logique que Pollock renonce de manière générale au sujet ou, comme dans le cas de *There Were Seven in Eight* qu'il l'utilise comme point de départ mais le rende complètement méconnaissable ensuite.

Les critiques présents à la deuxième exposition organisée chez Peggy Guggenheim sont mitigés. Certains raillent le peintre, trouvant à ses tableaux l'air de « maccaronis gratinés » ou d'une « explosion dans une fabrique de tuiles ». Mais Clement Greenberg continue d'encenser Pollock, le proclamant « le peintre le plus fort de sa génération et peut-être le plus grand depuis Miró ». Sa peinture est peut-être laide mais : « Tout art profondément original a l'air vilain au début. »

C'est également Greenberg qui, à l'instar de Sweeney en son temps, trouvera le titre d'un tableau de Pollock : *Gothic* (illustration page 55). Au début, Pollock pensait à un danseur, car il expliquera que les *Trois danseurs* de Picasso, peints en 1925, n'avaient cessé de lui trotter dans la tête pendant qu'il peignait. Le tableau montre une masse compacte de formes et de lignes. Le noir qui apparaît comme

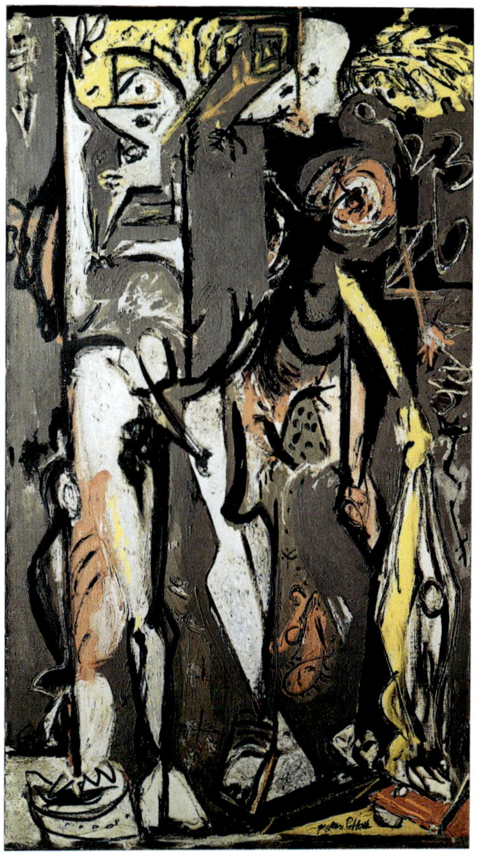

Two, 1943–1945
Huile sur toile, 193 x 110 cm
Venise, Collection Peggy Guggenheim.
Solomon R. Guggenheim Foundation, New York

The Tea Cup (Accabonac Creek series), 1946
Huile sur toile, 101,6 x 71,1 cm
Baden-Baden, Collection Frieder Burda

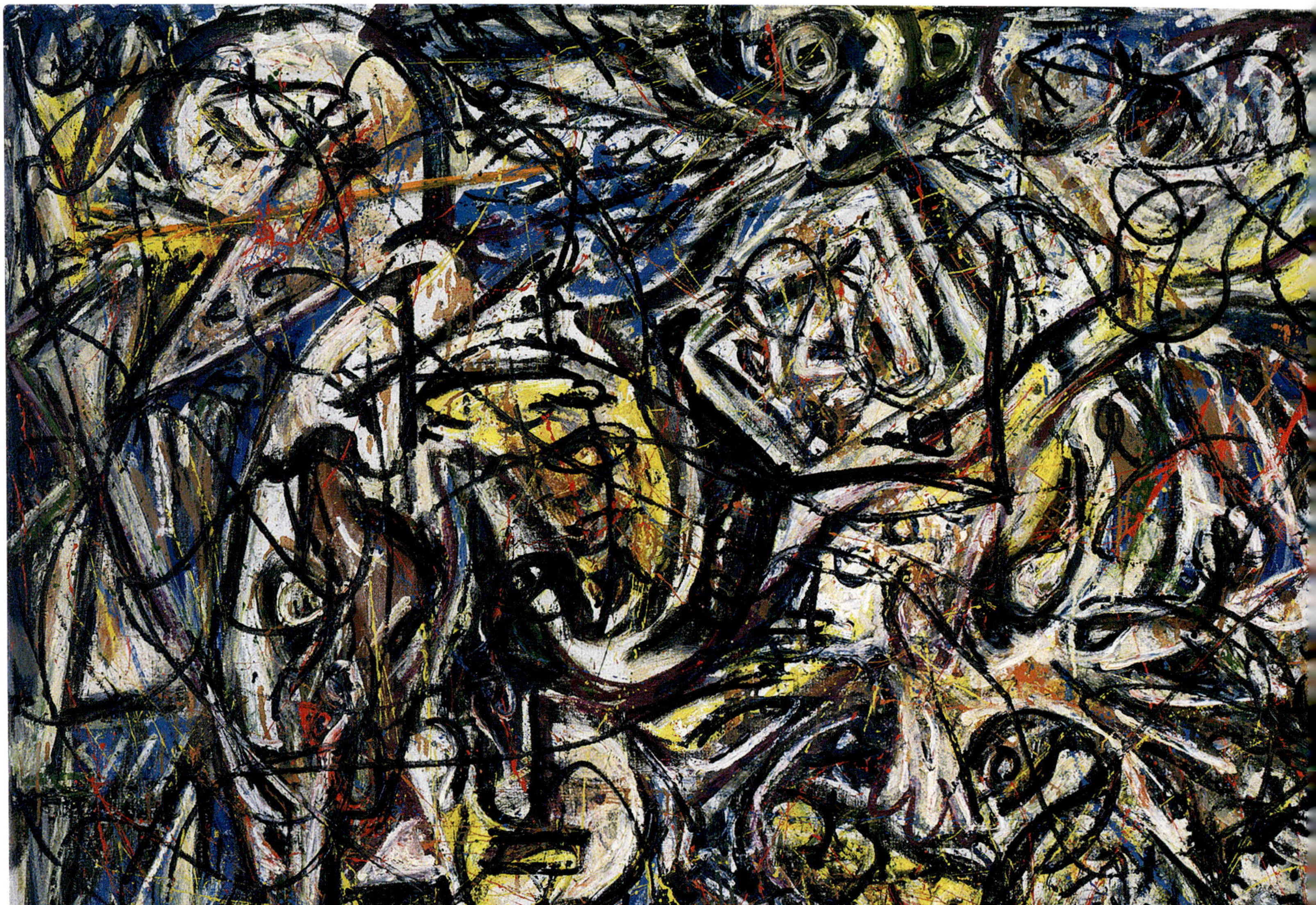

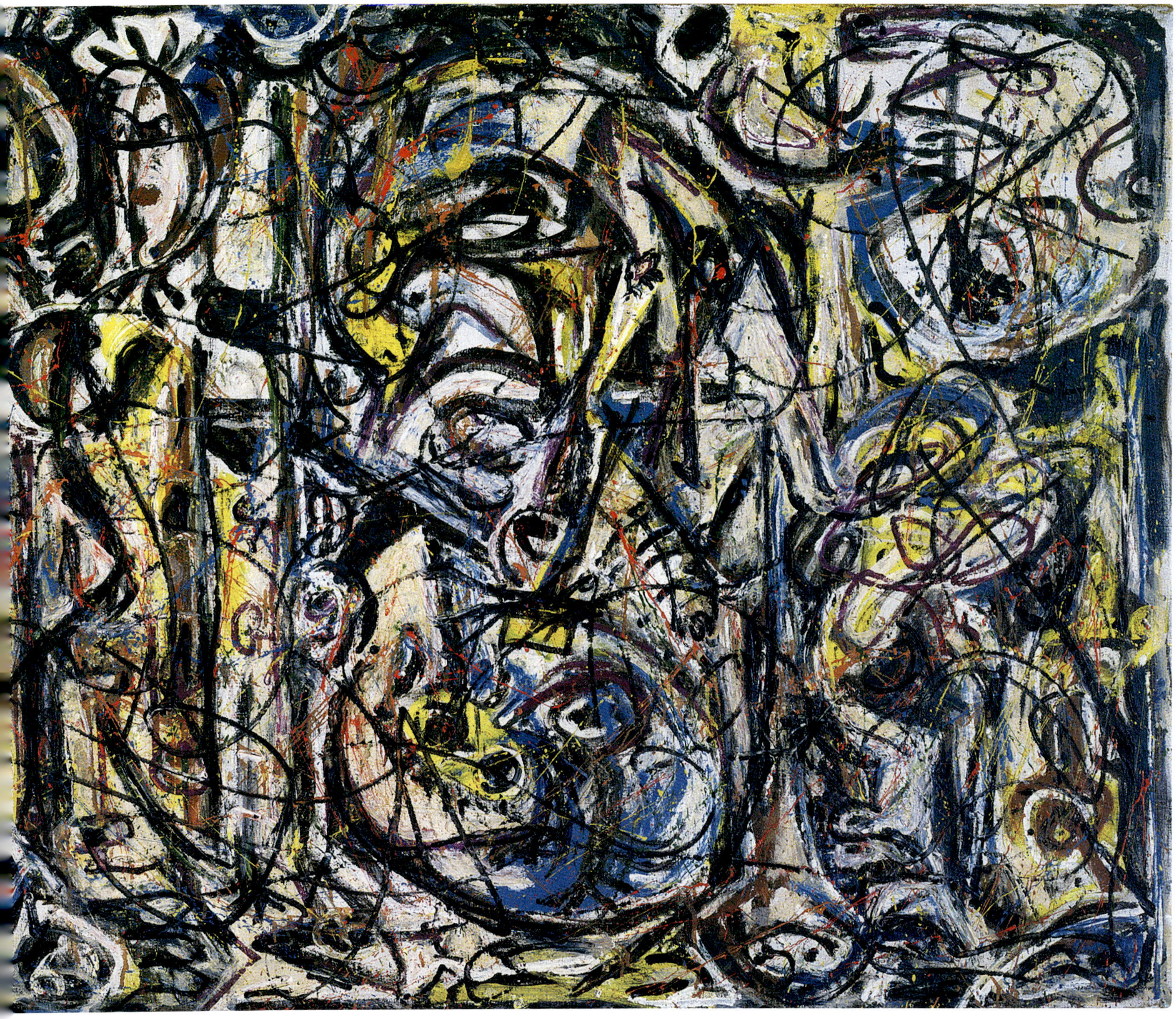

There Were Seven in Eight, vers 1945
Huile sur toile, 109,2 x 259,1 cm
New York, The Museum of Modern Art.
Mr. and Mrs. Walter Bareiss Fund

arrière-plan près des bords supérieurs, opère dans le reste du tableau comme une ligne de contour au mouvement rythmique, qui cerne des zones froides bleues et vertes, souvent accompagné d'un rouge estompé à sec. L'idée de pieds ou de mains semble à un moment plausible, à un autre parfaitement aléatoire et secondaire. Seule la grâce de la danse, du corps qui se déplace en suivant un rythme est constante, mais il s'agit ici d'une vibration simultanée de toute la surface picturale et non d'une succession de mouvements comme c'est le cas dans *Mural* où l'horizontalité du tableau ne permet pas seulement une lisibilité par étapes du déroulement du mouvement mais aussi, par déduction, la reconstruction de la genèse du tableau. Greenberg avait dit de Pollock qu'il était « gothic, morbid and extreme » et ici, on comprend que le qualificatif de « gothique » ne se réfère pas à l'architecture ou à la peinture médiévale que l'on ne peut guère mettre en rapport avec les arabesques opulentes du tableau mais qu'il s'agit d'un euphémisme pour exprimer la laideur brutale des peintures de Pollock.

Depuis le mois d'août 1945, Lee Krasner s'efforce de convaincre Pollock de quitter New York, sans doute dans l'espoir qu'il cessera de boire s'il déménage. Pour 5 000 dollars, en partie un prêt bancaire, en partie avec l'aide de Peggy Guggenheim, ils achètent The Springs, une maison à East Hampton, Long Island, un endroit où de nombreux artistes passaient l'été et où Robert Motherwell possédait aussi une maison. Le 25 octobre 1945, Lee Krasner et Jackson Pollock se marient dans une église de la 5e Avenue. May Tabak, l'épouse de Harold Rosenberg, et Peggy Guggenheim doivent servir de témoins. Cette dernière étant prise au dernier moment, la femme de ménage de l'église prendra sa place.

Début novembre, le jeune couple s'installe dans sa nouvelle propriété à Long Island. A côté de la maison principale à deux étages, elle comporte plusieurs petits bâtiments, entre autres la grange qui deviendra l'atelier de Pollock à partir de l'été 1946 et où verront le jour la plupart des grands drip-paintings qui le rendront célèbre.

La maison n'a ni l'eau chaude ni le chauffage, et Pollock et Krasner sont très pauvres malgré un nouveau contrat avec Peggy Guggenheim qui alloue pour deux ans au peintre 300 dollars par mois. Pollock passera tout l'hiver 1945/1946 à réparer la maison et ne peindra que rarement. Il ne retrouvera assez d'espace pour peindre qu'après avoir déplacé la grange à la limite du terrain en été 1946. De la grange, il voit la rivière Accabonac Creek qui donnera son nom à la série des tableaux *Accabonac Creek*. Un peu plus tard, la série *Sounds in the Grass* verra le jour.

L'euphorie qu'éveillent en lui les longues promenades au bord de la mer, l'expérience de la nature et la vastitude du paysage se reflète dans une palette plus riche et plus claire. Si des tableaux comme *The Key* (1946) ou *The Water Bull* (illustration pages 56–57) par exemple sont encore caractérisés par une densification de la surface picturale, l'orchestration chromatique amoindrit l'impression d'exiguïté, et la mise en place de surfaces colorées opaques, non modulées, génère un apaisement, au moins par endroits, du tableau concerné. Des contrastes primaires de jaune et de rouge donnent aux tableaux un éclat et une intensité que l'on peut reconduire à la connaissance qu'a Pollock des tableaux fauves du peintre français Henri Matisse. Et si on ne peut pas parler non plus de gaieté et de sérénité en ce qui concerne la série *Accabonac Creek*, un tableau comme *The Tea Cup* (illustration page 50) réalisé en 1946, témoigne d'un équilibre rare dans l'œuvre de Pollock.

La série *Accabonac Creek* ne représentera toutefois qu'un bref intermezzo. Avec celle de *Sounds in the Grass*, Pollock choisit en 1946 une voie qu'il avait déjà

Gothic, 1944
Huile et vernis sur toile, 215,5 x 142,1 cm
New York, The Museum of Modern Art.
Lee Krasner bequest

Le critique d'art Clement Greenberg, un des soutiens majeurs de Pollock, a qualifié l'art de celui-ci de « gothic, morbid and extrem », se référant au tableau portant ce titre. « Gothique » se réfère ici au style littéraire de l'époque romantique et n'a rien à voir avec le style gothique en histoire de l'art.

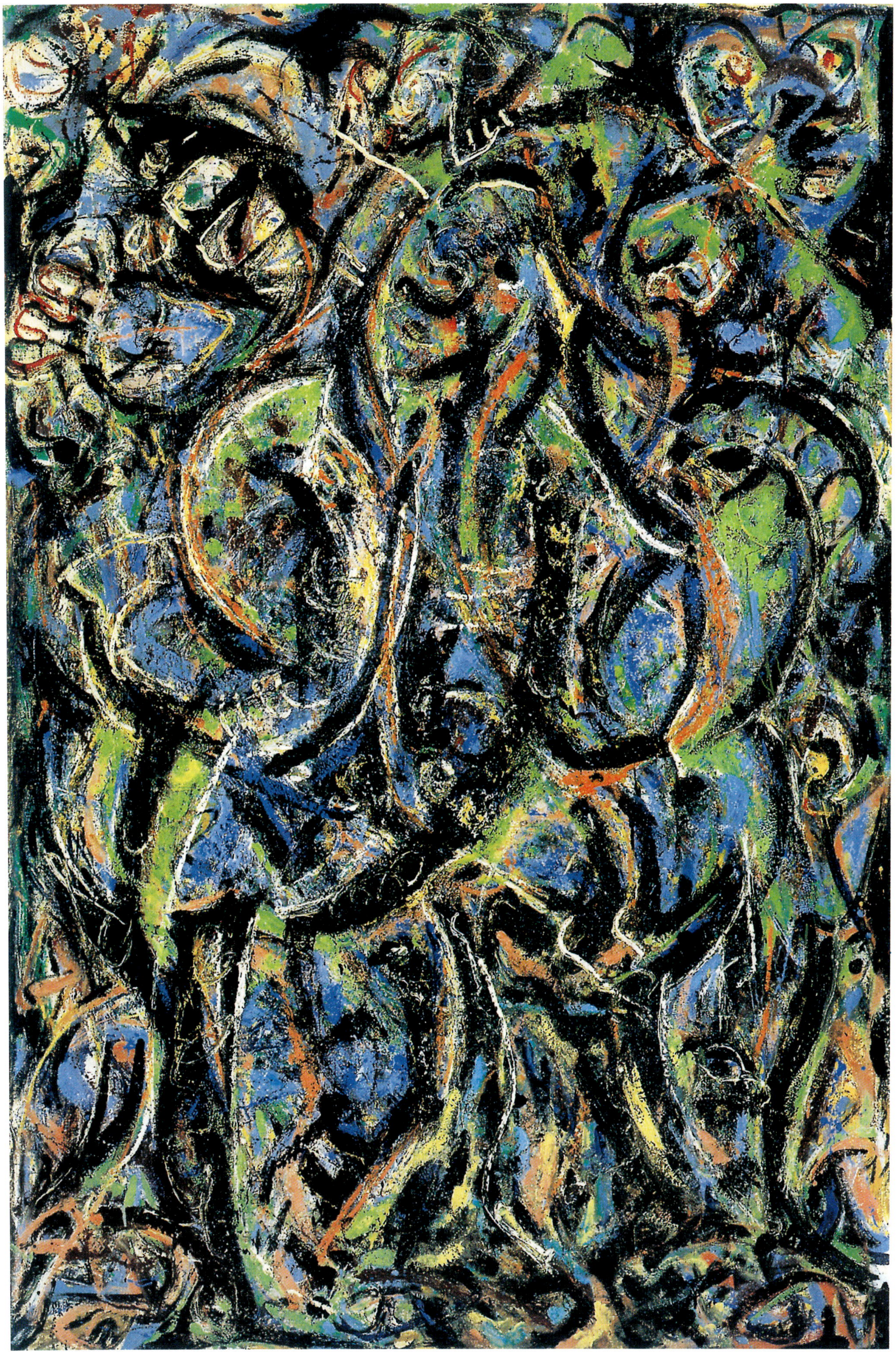

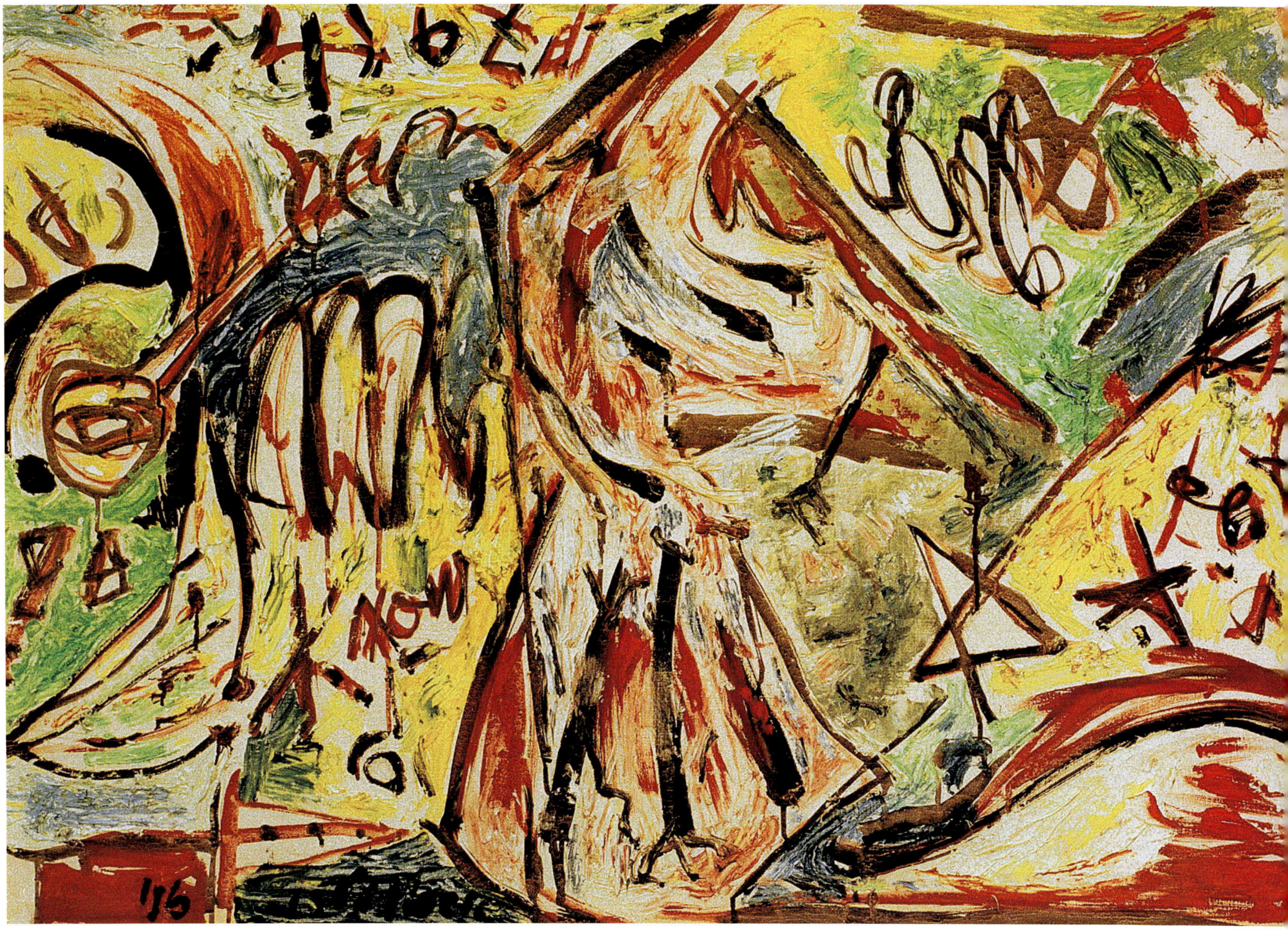

The Water Bull, vers 1946
Huile sur toile, 76,5 x 213 cm
Amsterdam, Stedelijk Museum

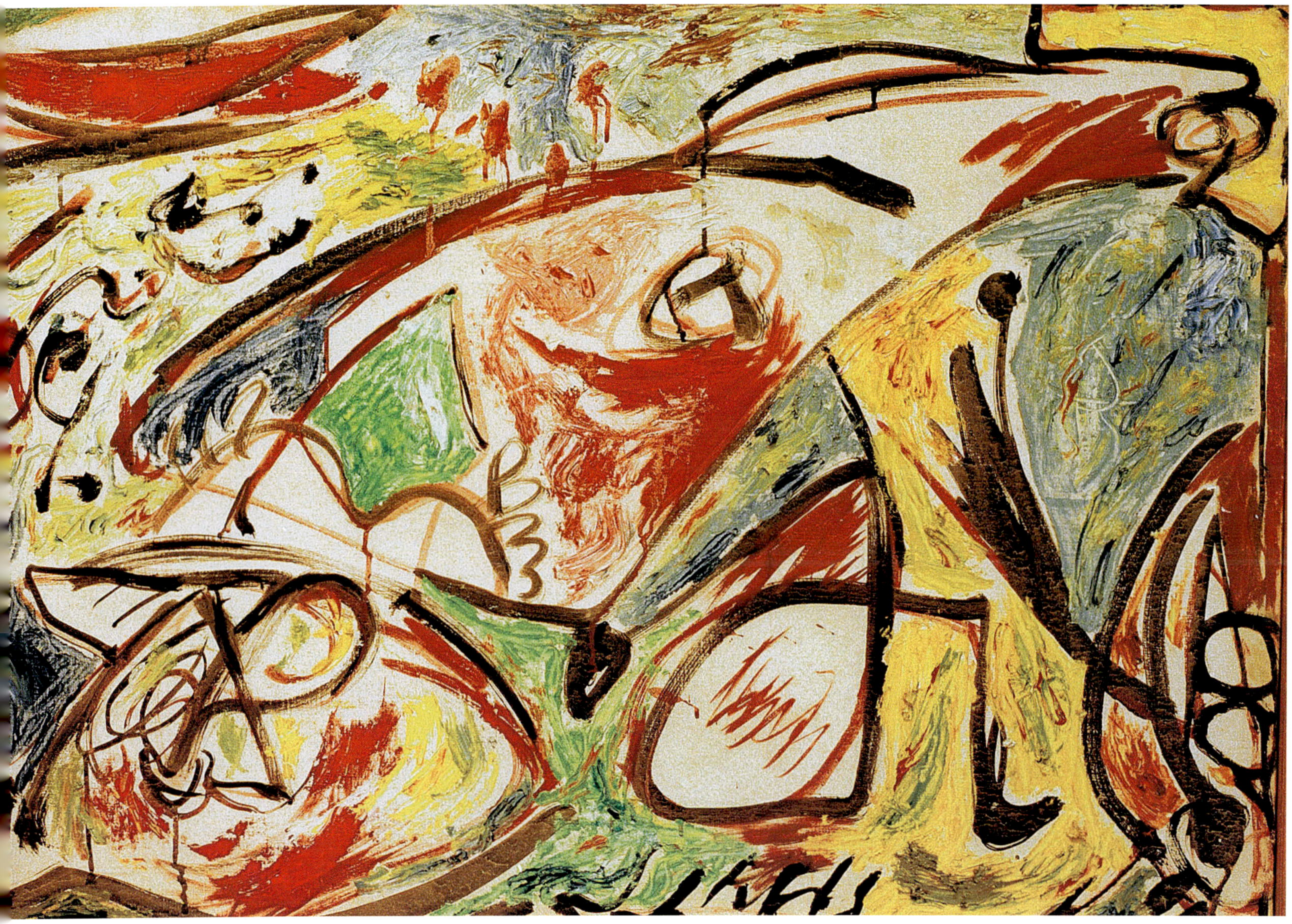

ILLUSTRATION PAGE 58 :
Croaking Movement (Sounds in the Grass series), vers 1946
Huile sur toile, 137 x 112,1 cm
Venise, Collection Peggy Guggenheim. The Solomon R. Guggenheim Foundation, New York

ILLUSTRATION PAGE 59 :
Shimmering Substance (Sounds in the Grass series), 1946
Huile sur toile, 76,3 x 61,6 cm
New York, The Museum of Modern Art. Mr. and Mrs. Albert Lewin and Mrs. Sam A. Lewisohn Funds

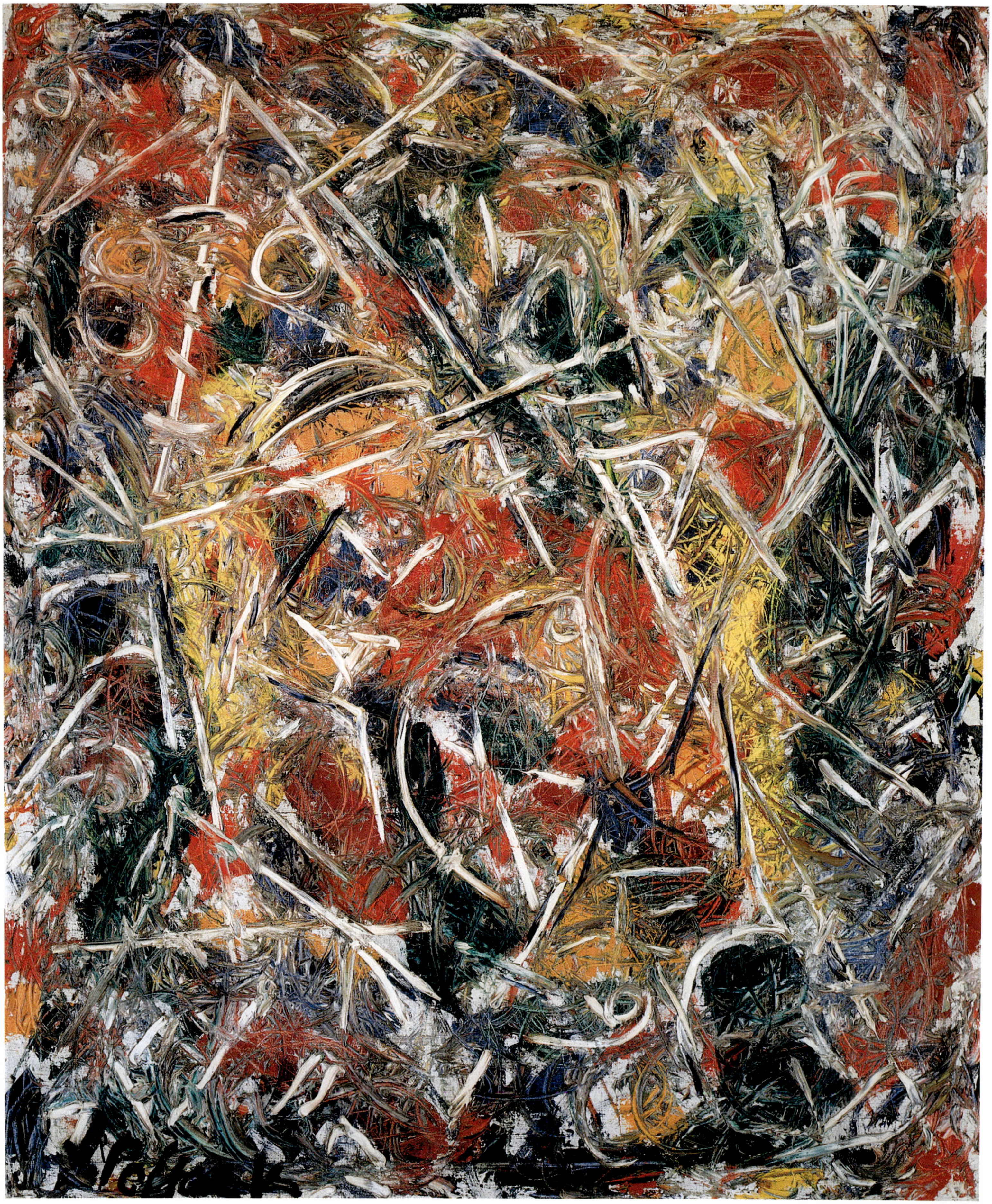

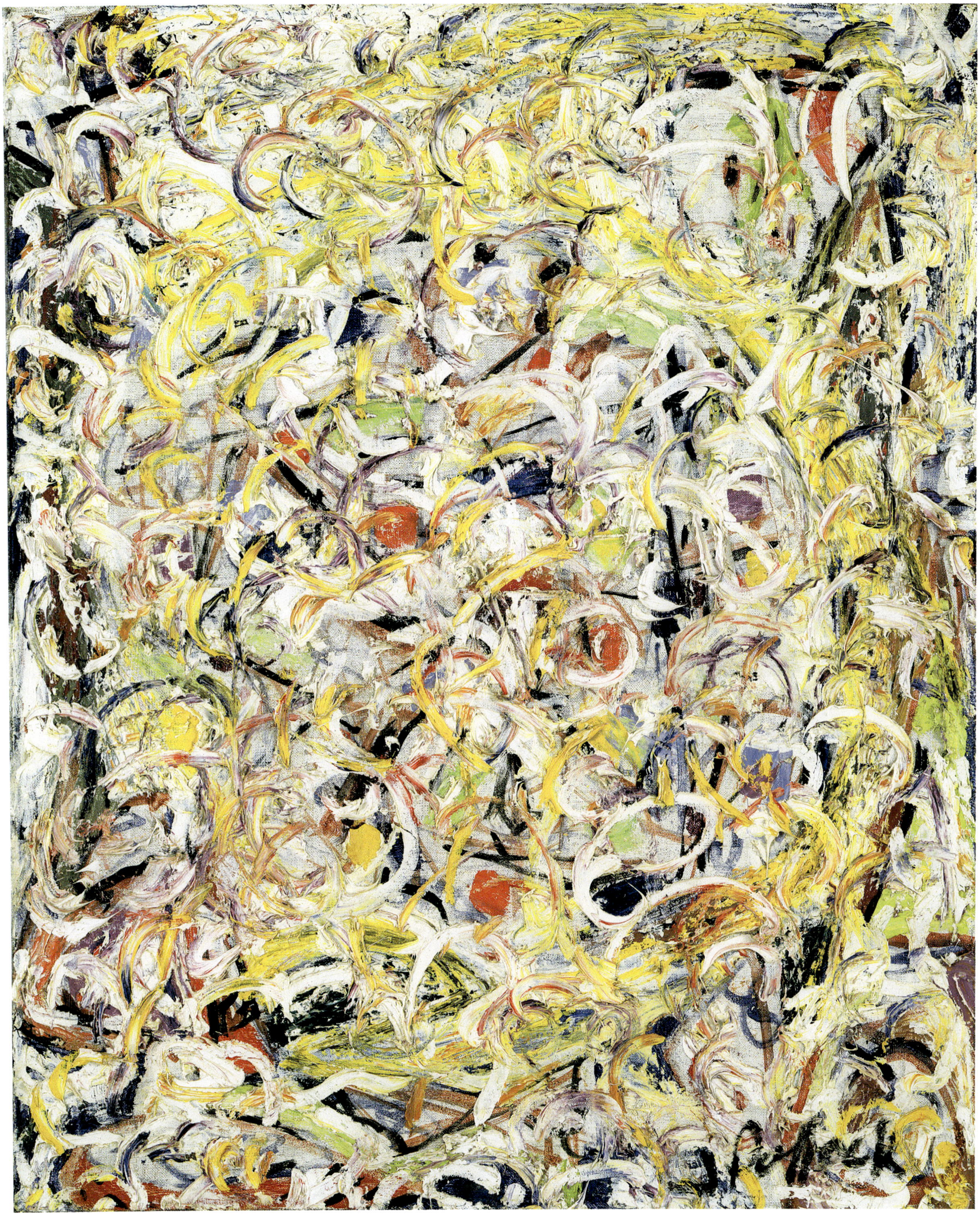

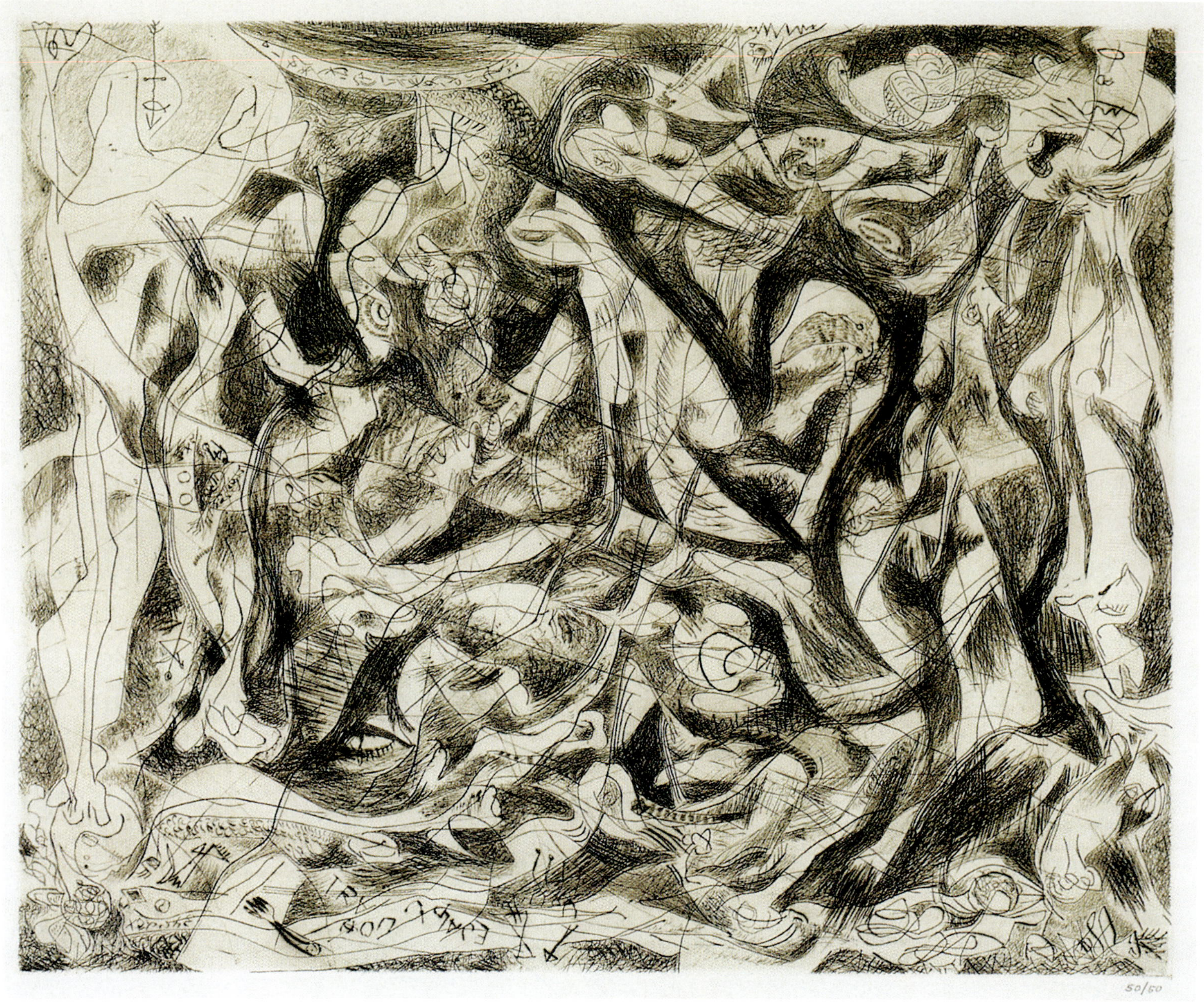

Untitled, 1944/45
Pointe sèche (impression 1967), 37,3 x 45,8 cm
New York, The Museum of Modern Art. Gift of Lee Krasner Pollock

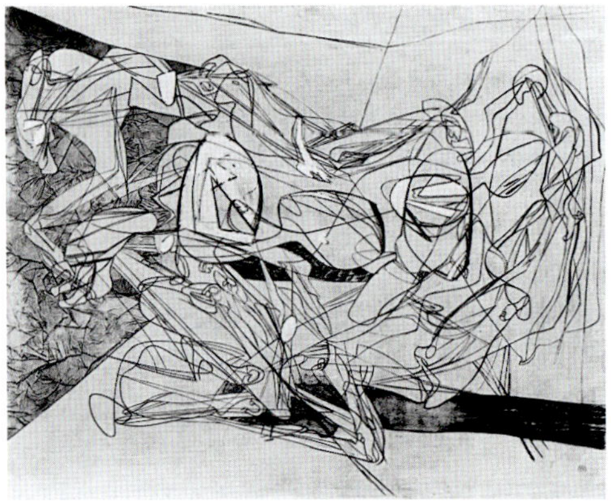

empruntée en hésitant et sur laquelle il avance maintenant en tête avec intransigeance : la voie de l'abstraction linéaire. *Croaking Movement* (illustration page 58) est divisé par des traits blancs, cassés en pointe, qui reposent sur un lacis de lignes rouges et vertes, jaunes et orangées apposées à coups de pinceau brefs et qui se condensent en pelotes de couleurs vibrant de manière inquiétante. Pollock renoncera à cette structuration a posteriori du tableau qui répète la facettisation aux arêtes vives de travaux plus anciens, dans des peintures comme *Eyes in the Heat* et *Shimmering Substance* (illustration page 59). Sur cette dernière, justement, nous avons véritablement l'impression de voir vibrer la couleur. Le regard ne pouvant se poser nulle part se promène d'une trace de pinceau arquée à l'autre, et ne découvre que progressivement derrière le réseau de lignes sinueuses une forme circulaire jaune qui semble planer dans l'espace pictural telle une hallucination.

Pollock tentera d'abord par le biais de la gravure de composer l'image à partir de coups de pinceaux qui s'enchaînent. En automne, il commence à fréquenter l'Atelier 17 du dessinateur Stanley William Hayter (1901–1988) émigré de Paris. Celui-ci se trouve en face de son appartement new-yorkais et William Ba-

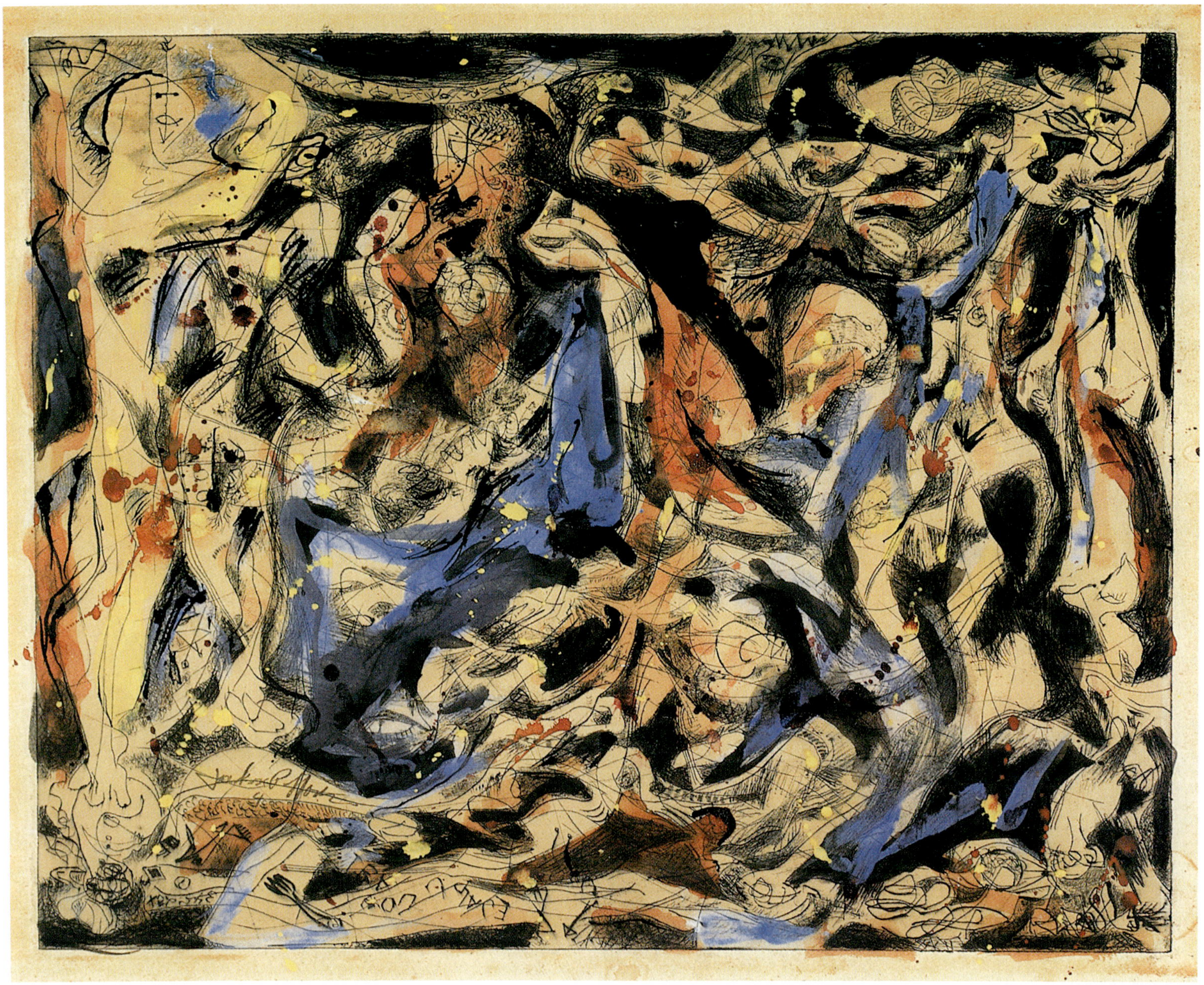

Untitled, vers 1945
Encre et gouache sur pointe sèche,
44,9 x 54,3 cm
Collection The Guerrero Family

ziotes et Robert Motherwell le fréquentent aussi. Hayter lui apprend à manier la pointe sèche et à graver. Pollock retouchera la plupart de ses gravures à l'encre de Chine et à la gouache ; nombre d'entre elles ne seront imprimées à l'état de gravure qu'après sa mort (illustrations page 60 et ci-dessous).

De Hayter, Pollock ne retiendra pas seulement la méthode qui consiste à graver la plaque de cuivre en gestes rapides mais aussi celle de la tourner sans arrêt en travaillant pour éviter un bas et un haut, un côté gauche et un côté droit (illustration page 60, en bas). Cette manière de travailler réapparaît lorsque Pollock exécute ses drip-paintings ultérieurs, laissant la peinture couler sur la toile posée sur le sol tout en se déplaçant autour d'elle.

Plus que Vassily Kandinsky, avec lequel on l'associe déjà souvent dans des débats critiques à la fin des années 40, c'est le surréaliste André Masson, cité précédemment, qui influencera l'évolution de l'abstraction linéaire chez Pollock. L'ascendant de l'artiste français est immédiatement perceptible dans une gravure comme *Rape*, réalisée en 1941 et imprimée en 1958.

D'autres artistes ont déjà utilisé cette technique du dripping (coulée) ou plus justement pouring, que Pollock emploie maintenant exclusivement et qu'il com-

ILLUSTRATION PAGE 60, EN BAS :
Stanley William Hayter
Combat, 1936
Gravure, 39 x 49 cm
New York, Brooklyn Museum of Art Collection, by exchange

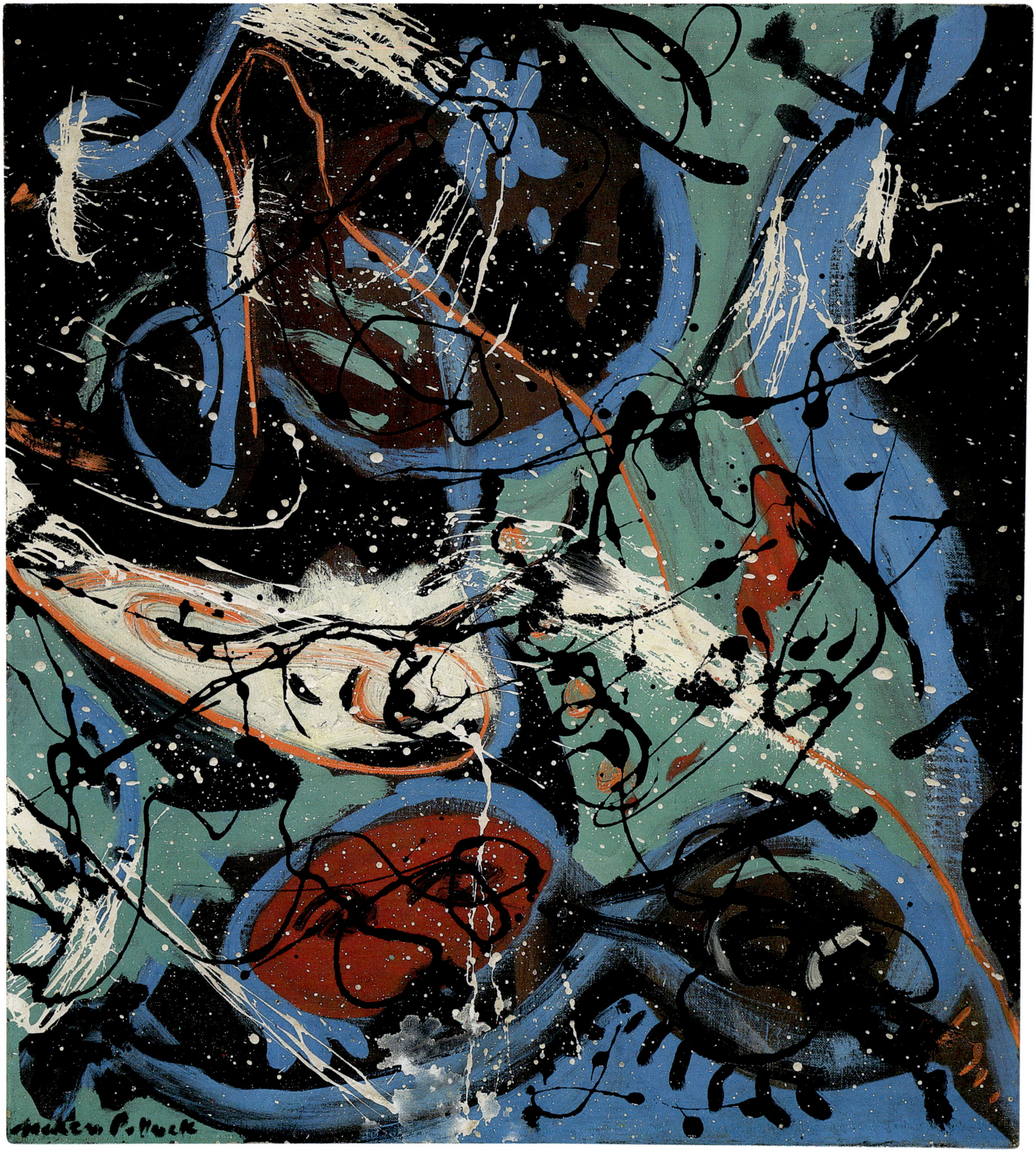

Composition with Pouring II, 1943
Huile sur toile, 64,7 x 56,2 cm
Washington, DC, Hirshhorn Museum and
Sculpture Garden, Smithsonian Institution.
Gift of Joseph H. Hirshhorn, 1966

mence à perfectionner. Nous avons déjà mentionné Siqueiros, mais on peut citer aussi Francis Picabia (1879–1953) qui, dans *La Sainte Vierge* (1917), éclabousse de l'encre sur du papier et Max Ernst qui laisse couler la peinture sur la toile dans son tableau *Junger Mann, beunruhigt durch den Flug einer nichteuklidischen Fliege* (1942/1947). A partir de 1940, Hans Hofmann expérimentera lui aussi cette technique. Le *Spring* (illustration à droite) de Hofmann, réalisé en 1940, est si proche de *Composition with Pouring II* (illustration page 62) peint en 1943, que malgré les allégations de Lee Krasner, on a peine à croire que Pollock ne le connaissait pas. Un autre précurseur important qu'il convient de nommer est Arshile Gorky (1904–1948), un artiste surréaliste d'origine arménienne, dont Pollock devait également connaître l'œuvre.

Si l'on ajoute à ces noms d'artistes illustres, ceux, nombreux, des moins connus qui ont eux aussi expérimenté avec le dripping, tels Janet Sobel (1894–1968) et Knud Merrild (1894–1954), on comprend que ce n'est pas la technique qui importe le plus, mais le résultat final. Le rang de Pollock n'est pas dû à l'utilisation d'un technique picturale définie mais à la radicalité des œuvres qu'il a su créer avec cette technique.

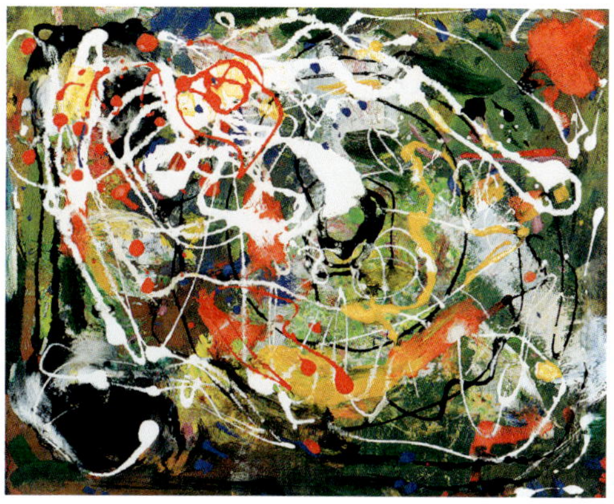

Hans Hofmann
Spring, 1940 (?)
Huile sur bois, 30,5 x 36,7 cm
New York, The Museum of Modern Art. Gift of Mr. and Mrs. Peter A. Rübel

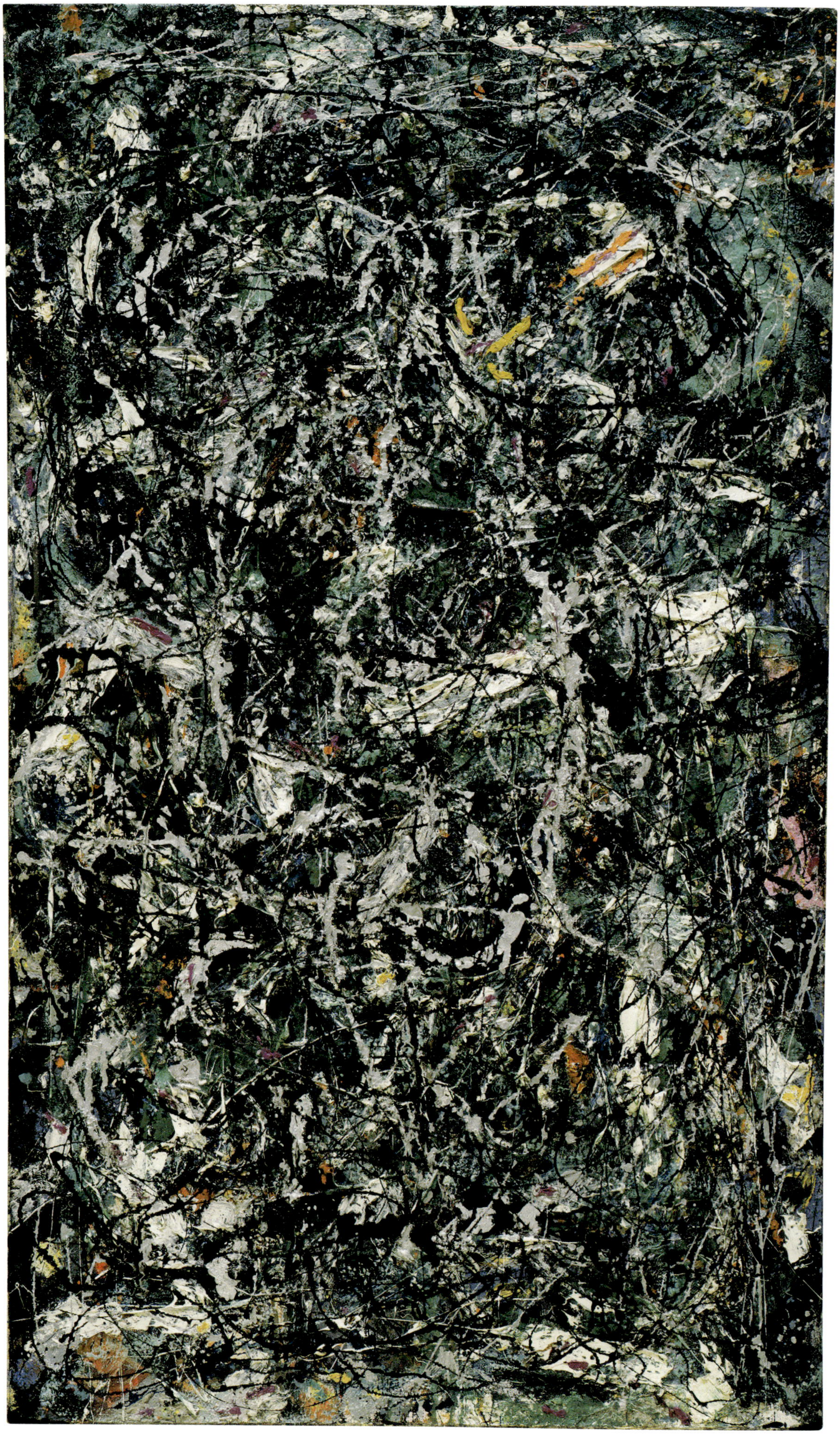

« Harmonie totale, échange facile »

Ayant transformé la grange en atelier, Pollock a maintenant assez de place pour s'attaquer à de très grands formats. La toile est posée sur le sol, il y a accès des quatre côtés. Il appose rarement la couleur au pinceau mais surtout avec un bâton ou au couteau, sans jamais toucher la toile. Le pot de peinture dans la main gauche, dans un geste continu, Pollock fait couler la peinture sur la toile en se déplaçant. Ceci se passe très vite, bien qu'avec des interruptions pour laisser sécher la peinture ou lorsqu'il a besoin de réfléchir à ce qu'il va faire – en témoignent les photos et films de Hans Namuth, qui observe avec sa caméra le peintre au travail (illustration à droite).

A la demande de Robert Motherwell, Pollock explique sa manière de procéder dans le premier (et dernier) numéro Hiver 1947/1948 de la revue « Possibilities » éditée par Motherwell et Rosenberg : « Je préfère clouer la toile non tendue au mur ou sur le sol. J'ai besoin de la résistance d'une surface dure. Sur le sol, je suis plus à mon aise. Je me sens plus près, je me sens plus une partie du tableau, car comme cela je peux en faire le tour, travailler des quatre côtés et être littéralement dans le tableau. C'est semblable à la méthode des Indiens qui peignent avec le sable dans l'Ouest. [...] Quand je suis dans mon tableau, je ne suis pas conscient de ce que je fais. C'est seulement après une espèce de temps de ‹prise de connaissance› que je vois ce que j'ai voulu faire. Je n'ai pas peur d'effectuer des changements, de détruire l'image, etc. parce qu'un tableau a sa vie propre. J'essaie seulement de la faire sortir. C'est seulement quand je perds contact avec le tableau que le résultat est un gâchis. Autrement, il y a harmonie totale, échange facile, et le tableau est réussi. »

Ainsi le thème de la fusion n'est pas seulement important sur le plan du motif et de l'iconographie, c'est un objectif déclaré au moment de la production du tableau et la condition de sa réussite. La peinture n'est pas une surface passive qu'il convient de remplir, elle tient tête activement au peintre.

Le « ballet » qu'exécute l'artiste lorsqu'il crée le tableau est souvent mis en relation avec l'écoulement de l'inconscient qui s'exprimerait ainsi immédiatement sur la toile. Par conséquent, un des premiers purs drip-paintings, *Full Fathom Five* (illustration page 64), peint en 1947, est interprété comme la représentation de l'inconscient. Le titre – inspiré du chant d'Ariel dans « La Tempête » de William Shakespeare – est de Ralph Manheim, un voisin de Long Island et traducteur des œuvres de Carl Gustav Jung.

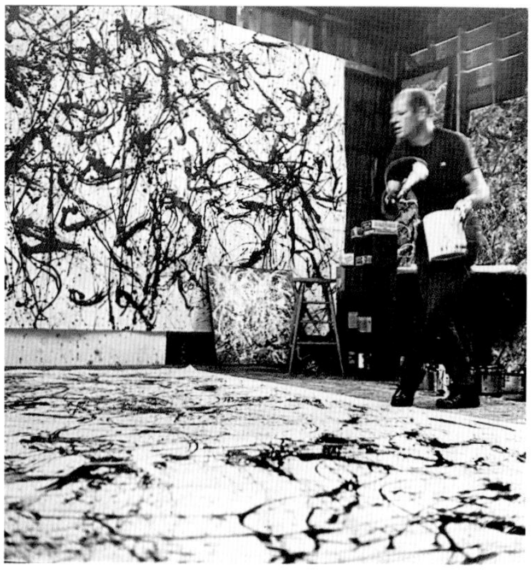

Jackson Pollock travaillant à *Autumn Rhythm: Number 30*, 1950
Photographie : Hans Namuth
© Hans Namuth Ltd.

Full Fathom Five, 1947
Huile sur toile avec clous, boutons, clé, cigarettes etc., 129,2 x 76,5 cm
New York, The Museum of Modern Art. Gift of Peggy Guggenheim

Cathedral, 1947
Vernis et peinture aluminium sur toile,
181,6 x 89 cm
Dallas, TX, Dallas Museum of Art. Gift of
Mr. and Mrs. Bernard J. Reis

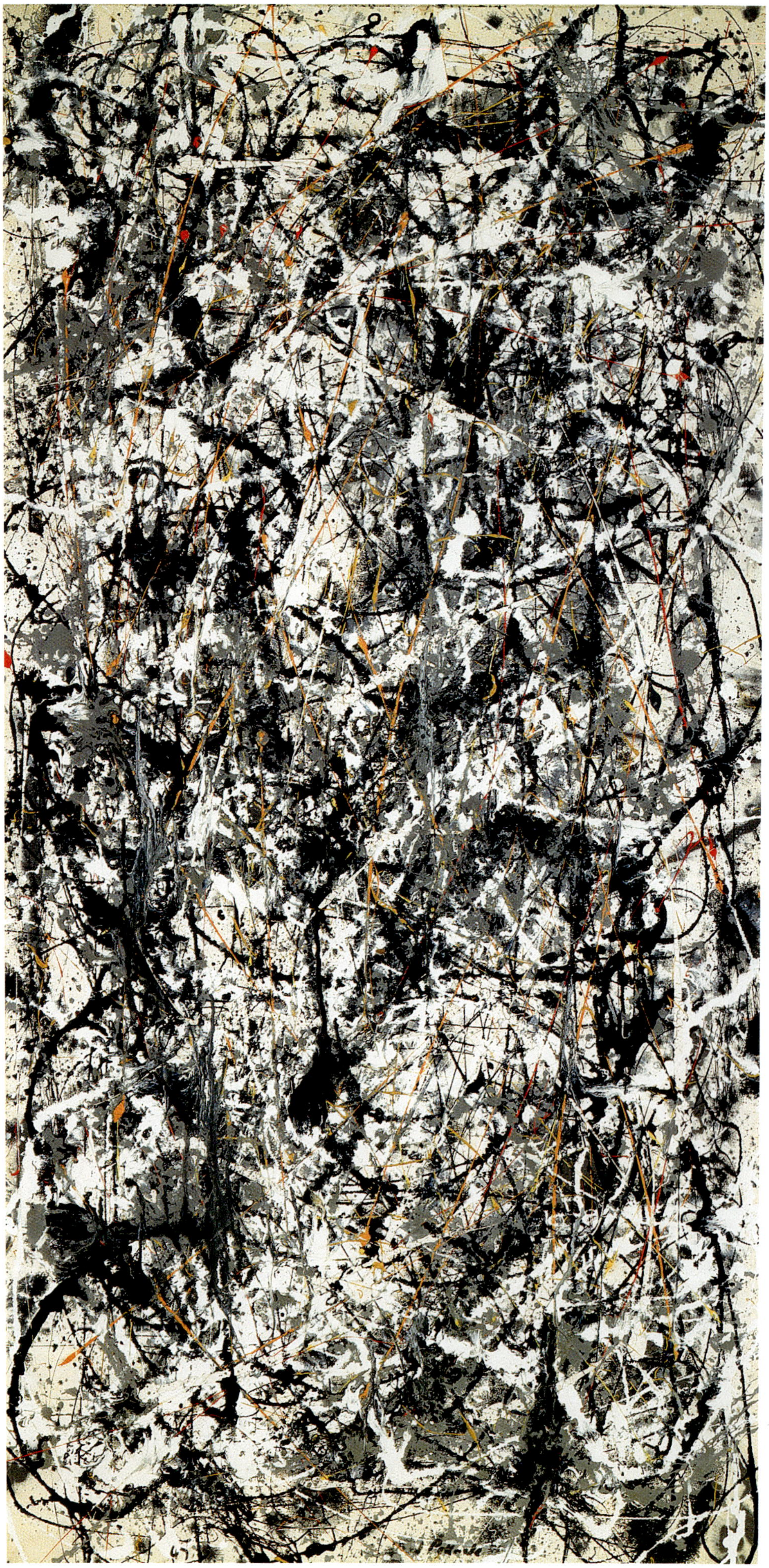

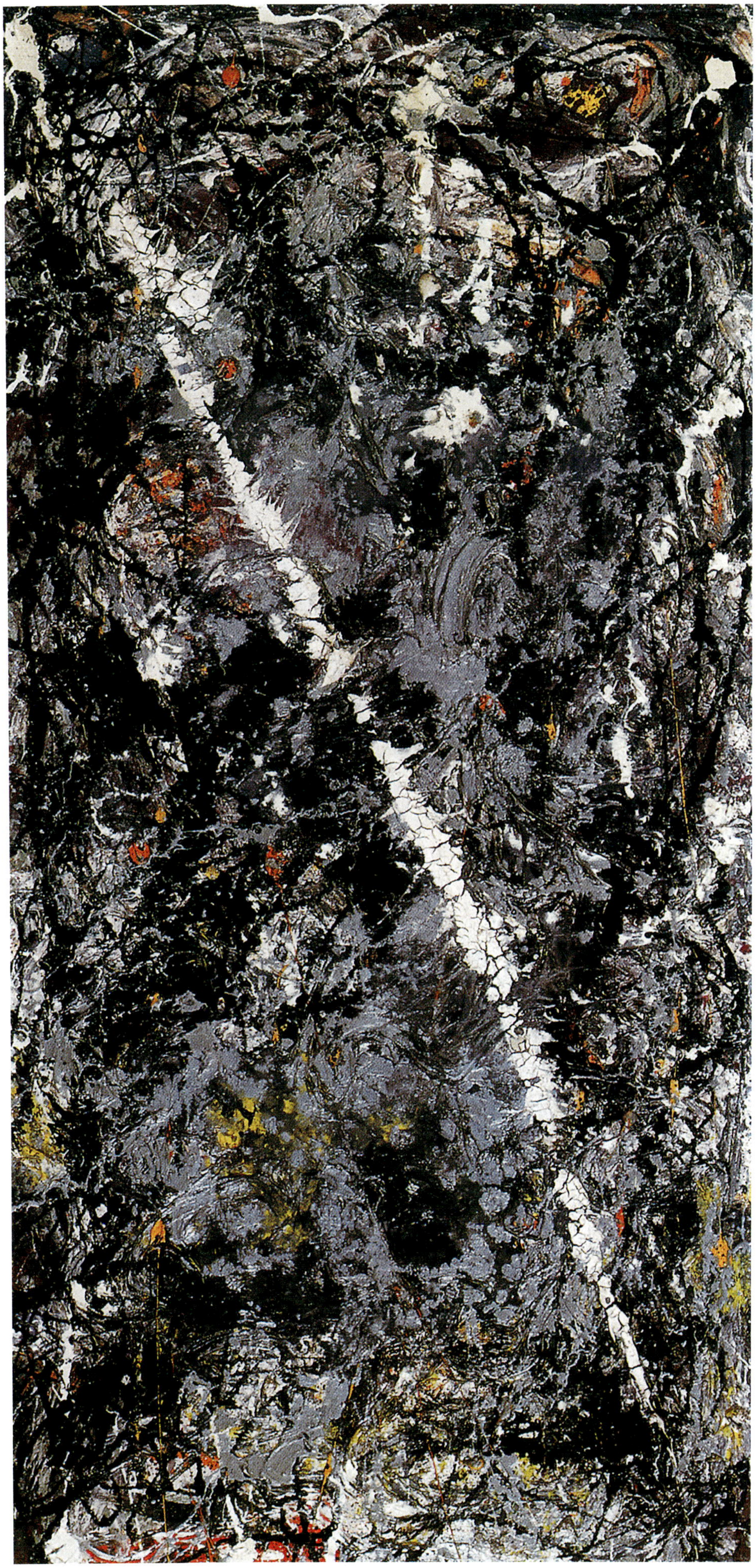

Comet, 1947
Huile sur toile, 94,3 x 45,5 cm
Ludwigshafen, Wilhelm-Hack-Museum

Comet est l'une de ces œuvres magnifiques de dimensions moyennes, à laquelle sa surface enduite au couteau donne aussi bien une qualité tactile qu'une profondeur visuelle illimitée que traverse une ligne blanche, telle la trace d'une météorite dans le ciel nocturne.

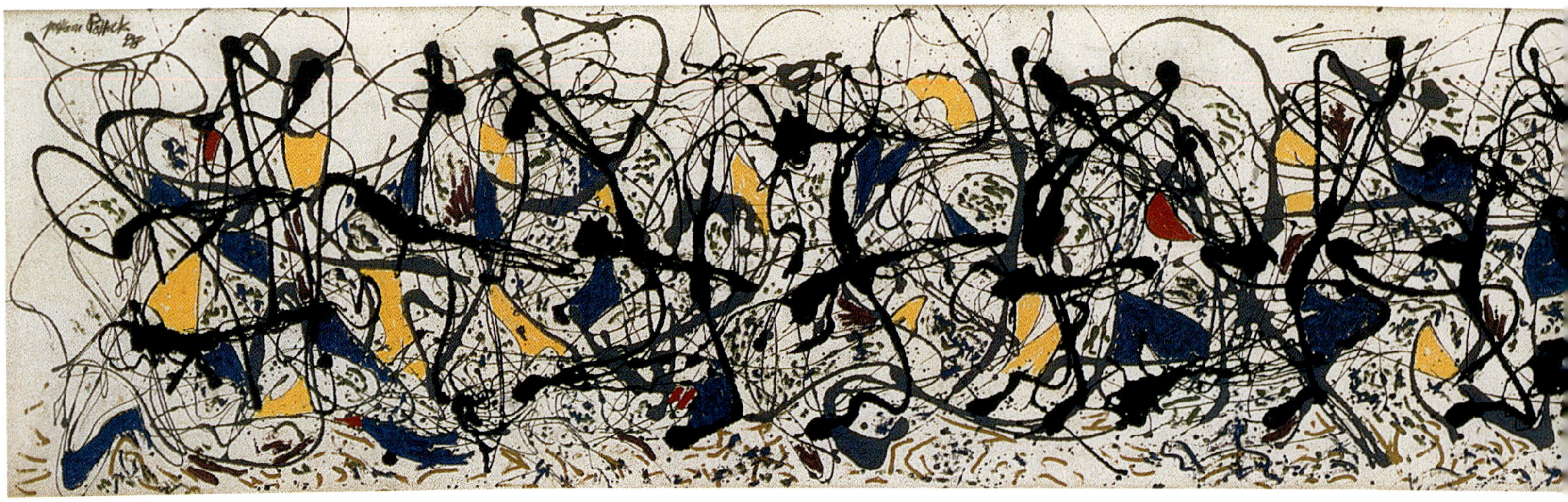

Summertime: Number 9A, 1948, 1948
Huile et vernis sur toile, 84,5 x 549,5 cm
Londres, Tate Gallery. Purchased 1988

Pollock choisit un format extrême pour *Summertime* qui mesure cinq mètres et demi sur 84 centimètres. Sa légèreté lyrique, dansante, indique un retour à *Mural*, l'œuvre qui a initié son abstraction linéaire.

Le titre trouvé par Manheim – il a également donné un nom à *Alchemy* (1947) – est peut-être inspiré de la coloration bleu-vert qui évoque la mer, du mouvement de vagues des multiples couches et traînées de couleur et des arrière-plans blancs moirés qui rappellent les reflets de la lumière sous l'eau. Pensant à la mer, Manheim a pu se souvenir qu'elle symbolisait pour Jung l'inconscient collectif. Le fait que Pollock ait accepté ce titre ainsi que la chaîne de signification qui en découle ne veut pourtant pas dire qu'il a peint le tableau avec l'intention de représenter l'inconscient.

En utilisant la technique du dripping, le peintre prend un risque car on peut juger ses tableaux comme étant le résultat incontrôlé d'actions plus ou moins aléatoires. Pollock doit sans cesse faire face au reproche que ses tableaux sont des explosions sans signification et sans contenu d'énergie qui se déchargeraient de manière incontrôlée. Lors de sa cinquième exposition personnelle qui a lieu chez Betty Parsons du 5 au 23 janvier 1948 – Peggy Guggenheim est retournée en Europe – et qui montre pour la première fois des drip-paintings, la presse réagit en partie avec irritation. Le critique Robert Coates écrit ainsi dans le « New York Times » : « La seule chose que je puisse dire de telles pièces… c'est qu'elles ne ressemblent qu'à des explosions inorganisées d'énergie aléatoire et sont donc sans importance. »

Et le 11 octobre 1948, quand le magazine « Time » organise une discussion sur le thème : « L'art moderne, considéré comme un tout, est-il un bon ou un mauvais développement ? », dans laquelle la *Cathedral* (illustration page 66) de Pollock peinte en 1947 joue un rôle central, les opinions suivantes seront entre autres énoncées : le commissaire des œuvres graphiques du Metropolitan Museum of Art raille « Je soupçonne que j'aurais pu toutes les faire moi-même. » Et Aldous Huxley, l'auteur de « Brave New World » dira : « Cela soulève la question de savoir pourquoi cela s'arrête quand c'est fini. L'artiste pourrait continuer indéfiniment », soulevant des rires dans l'auditoire. Quant à Theodor Greene, professeur à la Yale University, il pense que *Cathedral* ferait un motif formidable pour une cravate.

Pollock fait face avec détermination aux reproches, plus ou moins semblables, qui fusent également d'un autre côté. Dans une interview de 1951, il dit qu'en raison de son expérience il est parfaitement capable de contrôler l'écoulement de la peinture. Il y a longtemps que le peintre a accepté le jugement de Huxley – le tableau pourrait aussi bien avoir d'autres limites – qui peut être compris comme une critique de l'all-over en tant que principe pictural, comme

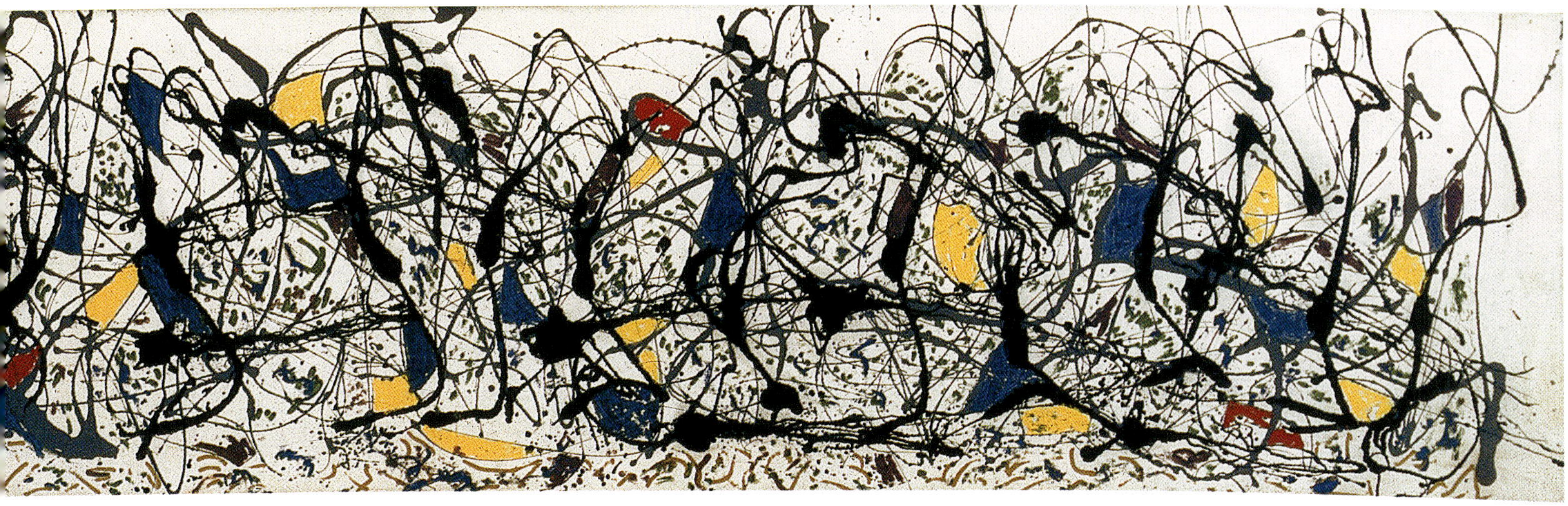

une caractéristique positive de son travail. Et quand un journaliste anonyme répète en 1950 dans le « Time » les propos du critique d'art italien Bruno Alfieri qui pense que ses tableaux sont surtout caractérisés par le chaos, Pollock écrit un télégramme rageur à l'éditeur : « SIR : PAS DE CHAOS, M… TRAVAILLÉ FICHTREMENT DUR, COMME VOUS POUVEZ VOIR […] »

Des notices manuscrites qui ne seront éditées qu'après sa mort prouvent combien l'éclaircissement de ces points était importante pour Pollock : « Contrôle absolu ---- déni de l'accidentel ---- états d'ordre ---- intensité organique ---- énergie et mouvement rendus visibles --- souvenirs retenus dans l'espace […] »

Il y a donc des indices qui permettent de penser que Pollock était parfaitement conscient des dangers que présentait sa manière de peindre. Il niait le rôle du hasard, allant même jusqu'à démentir son existence en général, en attirant l'attention sur son expérience lorsqu'il s'agit d'appliquer la peinture. Ce qui est de bonne logique si on conçoit les tableaux, ainsi que les notices manuscrites le laissent entendre, comme des manifestations d'énergie et de mouvement et de gel des souvenirs stockés dans la mémoire physique. Sous ses prémisses, aucun mouvement ne peut être aléatoire qui mène au tableau achevé.

Il faut souligner une fois encore que l'exclusivité du dripping en tant que méthode de production d'une image n'est importante qu'en ce qui concerne les qualités esthétiques des tableaux que Pollock réalise de 1947 à 1950, ses années les plus fécondes. S'ils n'étaient que des variations monotones sur un thème défini, l'affinage sempiternel de la même méthode, s'ils ne présentaient pas une qualité, une diversité et une tension remarquables, la technique spécifique dont il se sert ne vaudrait qu'une annotation en marge. Pollock lui-même le savait très bien : « Evidemment que c'est le résultat qui compte – et – la manière dont la peinture a été appliquée est plutôt indifférente aussi longtemps que quelque chose a été dit. La technique est juste un moyen d'arriver à une déclaration. »

Ceci dit, les grands formats que l'on juge caractéristiques de Pollock ne sont absolument pas la règle générale. On trouve plus souvent des tableaux comme *Comet* (illustration page 67) que des formats extrêmes comme *Summertime: Number 9 A* (illustration pages 68–69) qui, avec ses cinq mètres et demi sur 84 centimètres, devrait être unique en son genre. Les deux œuvres montrent aussi tout le spectre stylistique dont Pollock était capable. Ainsi, à travers la surface picturale de *Comet*, rendue dense et opaque par de nombreuses couches de peinture, on voit s'étirer une dernière trace de peinture blanche, semblable à

Number 5, 1948, 1948
Huile, vernis et peinture aluminium sur panneau dur, 243,8 x 121,9 cm
Los Angeles, CA, Collection David Geffen

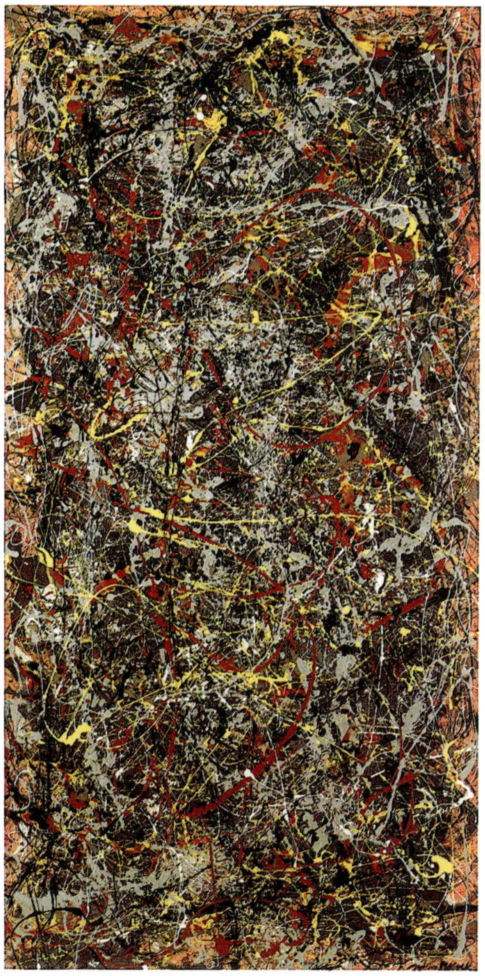

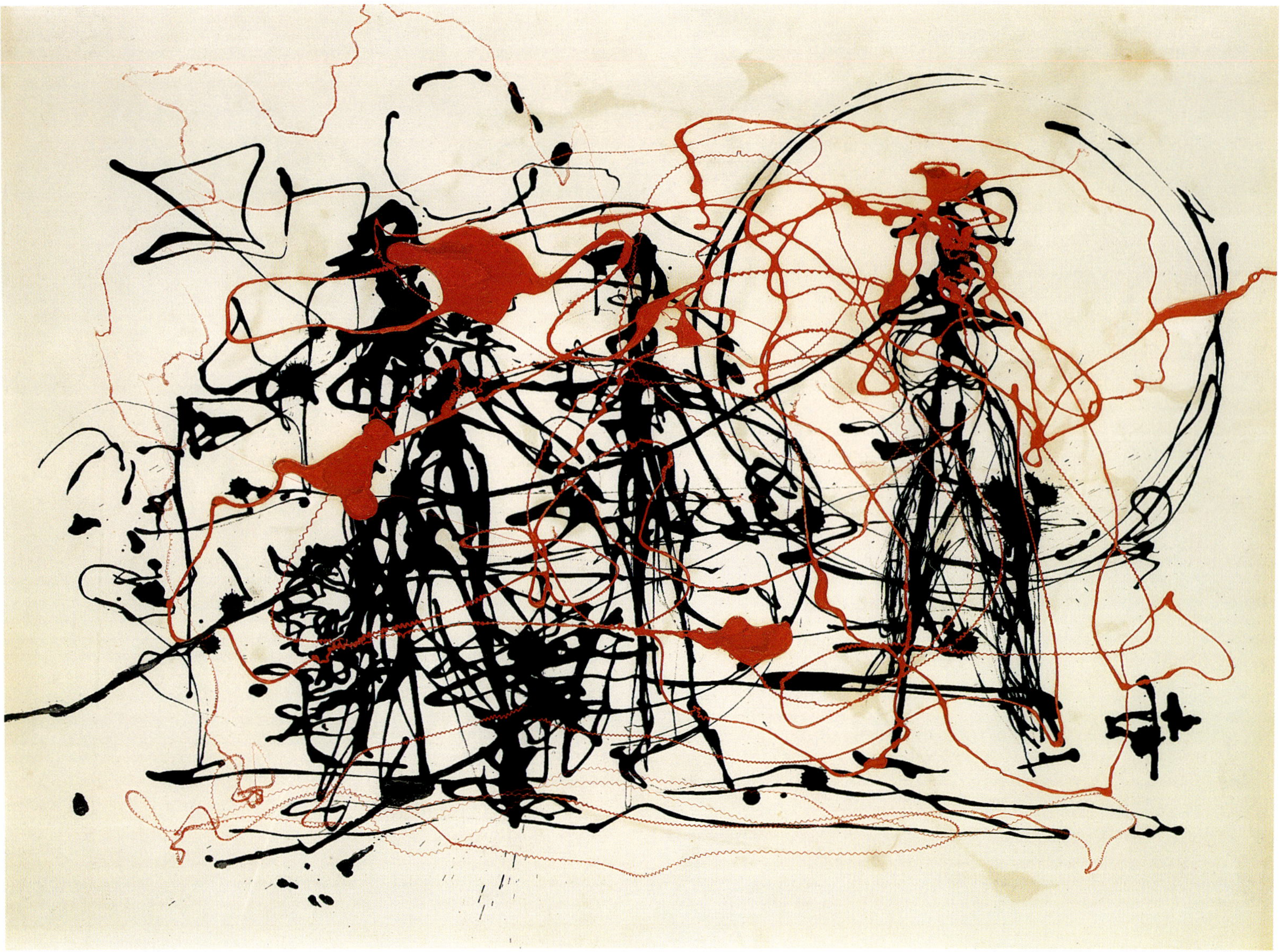

Untitled, vers 1948/49
Encre et vernis sur papier, 56,8 x 76,2 cm
New York, The Metropolitan Museum of Art.
Gift of Lee Krasner Pollock, 1982 (1982.147.27)

celle que laisse une météorite sur le ciel nocturne. Des lignes souples et sinueuses se condensent en pelotes noires, des traces de spatule encroûtent la surface ; le tableau acquiert aussi bien une fermeté superficielle expérimentable sur le plan tactile qu'une profondeur visuelle incommensurable.

Summertime est composé de manière tout à fait différente. Le fond du tableau n'est pas complètement recouvert de peinture. Un peu comme dans *Mural*, une configuration linéaire qui paraît danser semble être le schéma de base, rempli au cours du travail par des champs de couleur bleus et jaunes et qui est accompagné de lignes plus courtes ainsi que de points de couleur. Le staccato des accents secondaires de couleur répond à la fluidité dansante du mouvement de base.

Summertime est aussi la preuve que le principe all-over ne définit aucunement la forme picturale dans son intégralité : dans ce tableau, les bords gauche et droit sont très bien respectés, et il n'est pas question de dire que la toile est uniformément recouverte de peinture. Il semble plus correct de partir de l'idée d'un grand nombre de condensations, de centres d'énergie, de points de concentration qui donnent à la toile sa tension. Les lignes interrompues dans leur élan, particulièrement dans le bord supérieur, indiquent que Pollock a coupé la toile après coup. Sa méthode souvent pratiquée qui consiste à déterminer les dimensions de la toile, le « cadrage » et donc la peinture définitive en coupant à son idée la surface plus grande à l'origine ne permet vraiment pas de déduire qu'il laissait quelque chose au hasard. Le champ pictural n'est pas un fragment quelconque d'un tout plus vaste, mais une zone de concentration et de tension à leur plus haut degré.

Pollock employant la même méthode pour peindre les formats petits ou monumentaux, il lui fallait une utilisation différenciée et bien calculée des couleurs ainsi qu'une connaissance précise de leur degré de fluidité et des mouvements précis. On comprend clairement en comparant quelques tableaux que leur classement dans la catégorie des « drip-paintings » empêche de distinguer les formes très diverses des œuvres. Si *Untitled* (illustration page 70) ressemble à une hallucination d'un monde peuplé de figures, *Number 4, 1948 : Gray and Red* (illustration ci-dessous) évoque un univers microscopique. Des giclures de ce qui ressemble à des spermatozoïdes opèrent comme vecteurs dans des orientations différentes, alors que des pelotes de lignes définissent des poids et des centres de tension. Le fait que Pollock sape, en général, la différenciation courante entre le dessin et la peinture devient manifeste face à ces œuvres sèches qui vivent clairement de la ligne.

Des agencements lourds et massifs (*Number 12 A, 1948 : Yellow, Gray, Black* ; illustration page 72), qui suggèrent en même temps un état de flottement, font face à des œuvres vibrantes, ressemblant à des filages, et dont les tonalités vont de l'ocre au jaune et au gris en passant par le rouge sombre (*Number 5, 1948* ; illustration page 69). De violents contrastes de couleur et une bigarrure provocante

Number 4, 1948: Gray and Red, 1948
Huile et plâtre sur papier, 57,4 x 78,4 cm
Los Angeles, CA, Frederick R. Weisman Art Foundation

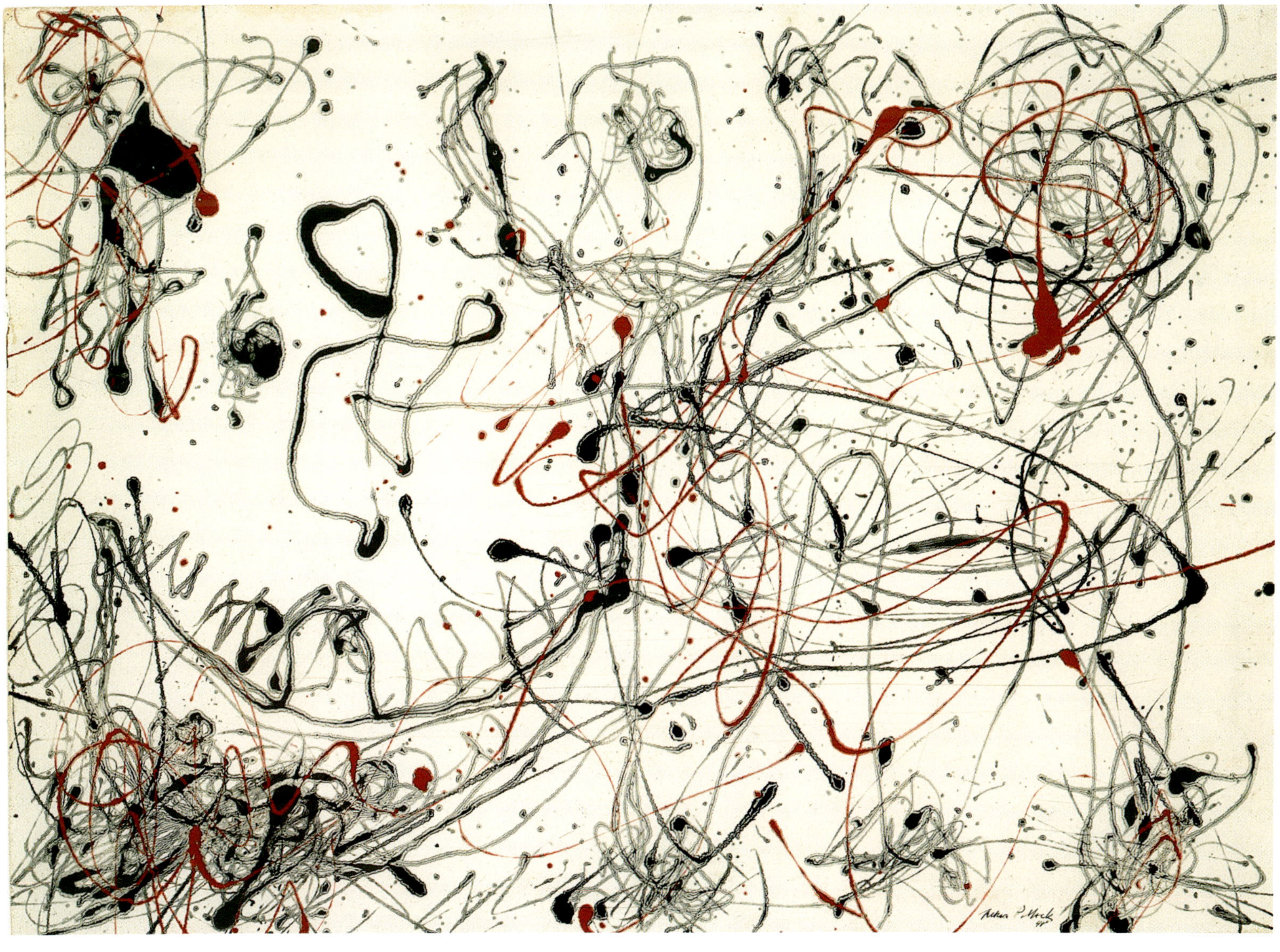

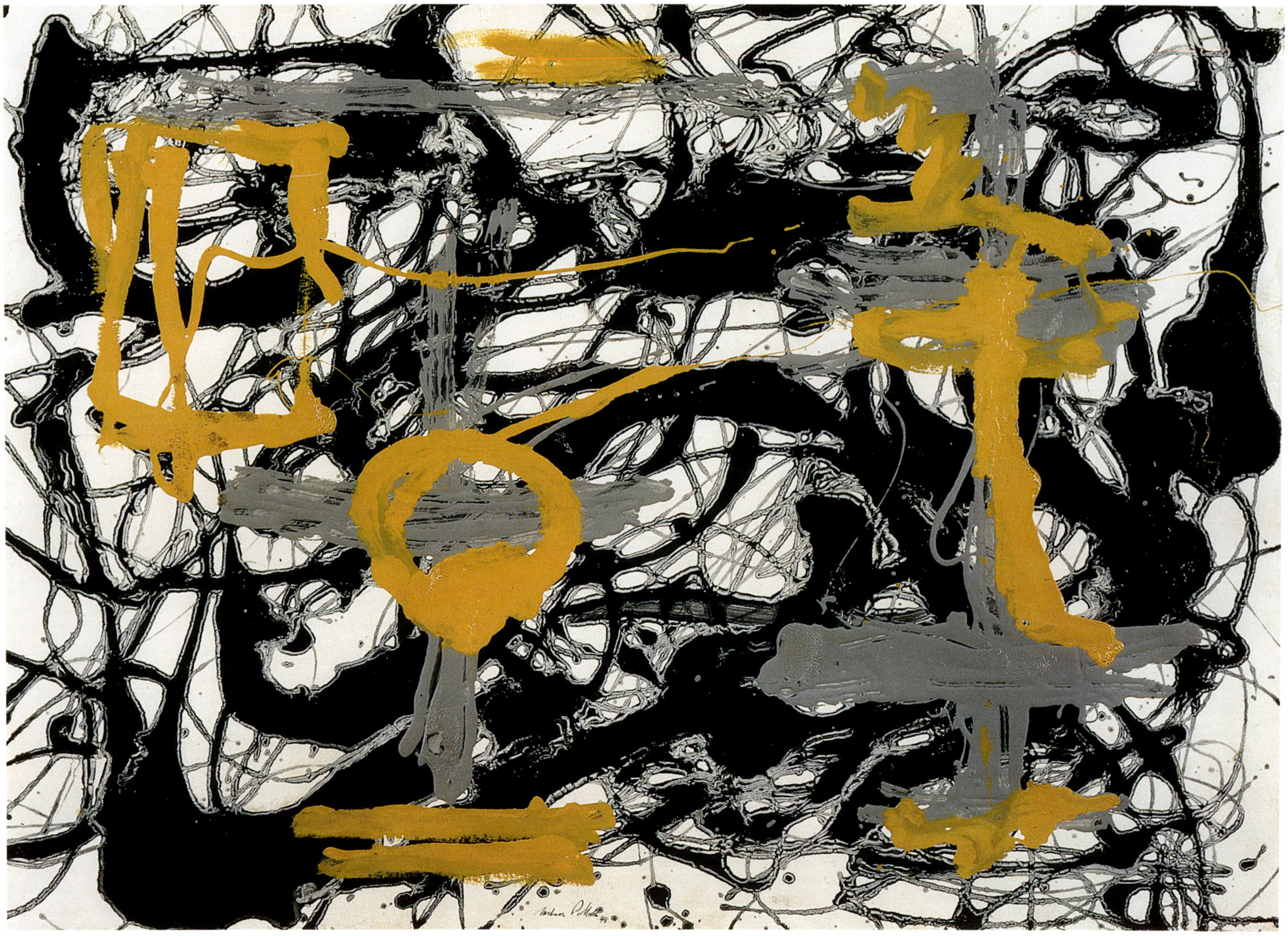

Number 12A, 1948: Yellow, Gray, Black, 1948
Vernis et plâtre sur papier, 57,2 x 77,8 cm
Pittsburgh, PA, Collection Mr. and Mrs. Stanley R. Gumberg

ILLUSTRATION PAGE 73, EN HAUT :
Number 15, 1948: Red, Gray, White, Yellow, 1948
Vernis sur papier, 56,5 x 77,5 cm
Richmond, VA, Virginia Museum of Fine Arts. Gift of Arthur S. Brinkley, Jr.

ILLUSTRATION PAGE 73, EN BAS :
Untitled (Cut-Out Figure), 1948
Huile, vernis, peinture aluminium, verre et clous sur carton et papier, monté sur panneau dur, 78,8 x 57,5 cm
Collection particulière

(*Number 15, 1948 : Red, Gray, White, Yellow* ; illustration page 73) sont tout aussi présents que la concentration sur un unique contraste, entre noir et blanc ou clair et sombre, dans *Untitled (White on Black I)*. Les lignes que nous voyons ici vagues, larges et interrompues plusieurs fois font face dans d'autres œuvres à des lignes tranchantes, agressives, à l'air déterminées (*Phosphorescence*, 1947).

Pollock n'a jamais totalement abandonné le thème de la figure, on en veut pour preuve les œuvres que caractérise la technique du découpage et qu'il faut au fond considérer comme des collages, par exemple *Untitled (Cut-Out* ; vers 1948–1950) et *Untitled (Cut-Out Figure)* de 1948 (illustration page 73, en bas). La silhouette du personnage aux bras courts évoque ici aussi l'œuvre d'Henri Matisse, dont le papier gouaché *Le Clown* de la série *Jazz* (1947) semble représenter le modèle inversé comme vu dans un miroir, alors que pour le grand tableau qui travaille avec des cut-outs, *Out of the Web : Number 7, 1949*, l'œuvre de Joan Miró devrait avoir servi de source d'inspiration.

Trois grands formats forment l'apothéose de la période créative la plus fertile de Pollock, de 1947 à 1951 : dans *Number 32, 1950* (illustration page 76), il pose une multitude de points nodaux qui semblent avoir été déterminés par des élans répétés toujours nouveaux. Ce n'est pas le mouvement d'une grande ligne réunificatrice comme dans *Mural* ou *Summertime* qui domine ici la composition, mais la relation de centres d'énergie indépendants avec d'autres centres d'énergie. La surface picturale n'est structurée ni par un rythme uniforme ni par une

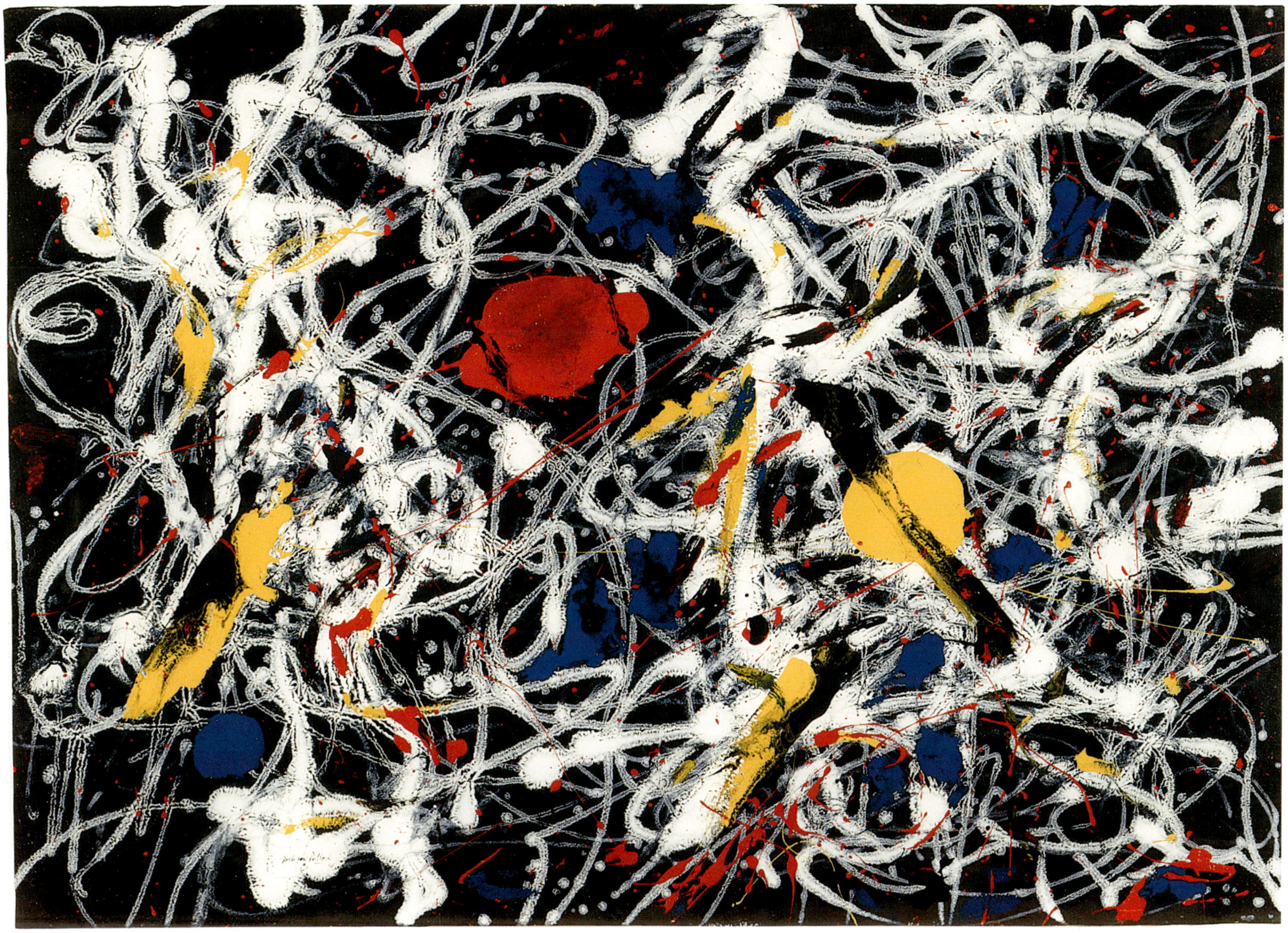

juxtaposition et une condensation de couches de couleur ; il semble plutôt que des centres colorés autonomes explosent à différents endroits du tableau et indépendamment l'un de l'autre.

La couleur brunâtre de la toile ne semble pas seulement sur des reproductions être la couleur du fond ou de l'arrière-plan. Il semblerait qu'il faille réviser l'opinion répandue dans l'histoire de l'art, et qui est en rapport étroit avec la théorie du all-over,selon laquelle la différence entre la figure et le fond est abrogée dans les drip-paintings de Pollock. On ne constate pas seulement de manière évidente dans un tableau relativement sec comme *Number 32, 1950*, mais aussi dans des œuvres comme *One : Number 31, 1950* et *Autumn Rhythm : Number 30, 1950* (illustration pages 78–79) un respect des limites picturales et ainsi une différenciation entre le format du support pictural et la forme de « l'image » qui s'y trouve. Le support (la toile) et l'image ne sont absolument pas identiques comme c'est le cas dans les tableaux non-relationnels de Frank Stella ou les peintures de Barnett Newman. C'est une déduction banale tirée du fait que, par exemple, dans *One : Number 31, 1950*, il n'est pas possible de distinguer la forme définitive mais seulement une texture compacte et agitée, refusant au regard tout point de repos et exigeant une quantité de sauts en avant et en arrière.

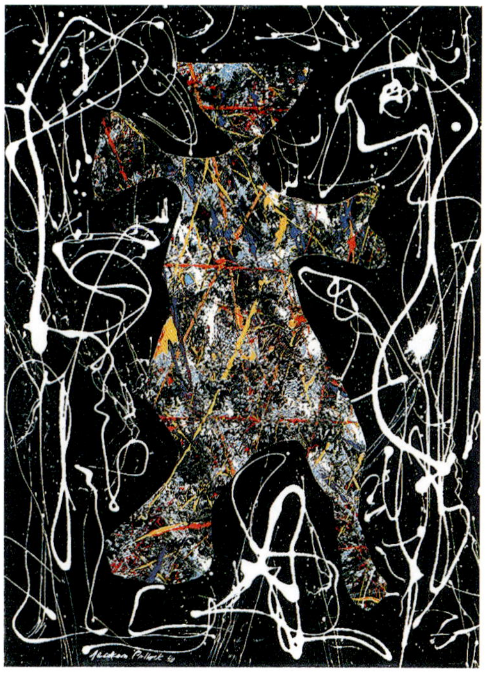

Pourtant, et ceci est plus important que la discussion de tels critères traditionnels, il semble, comme c'est le cas dans toute « bonne » peinture, que des degrés divers de tension soient présents dans les drip-paintings de Pollock, les rela-

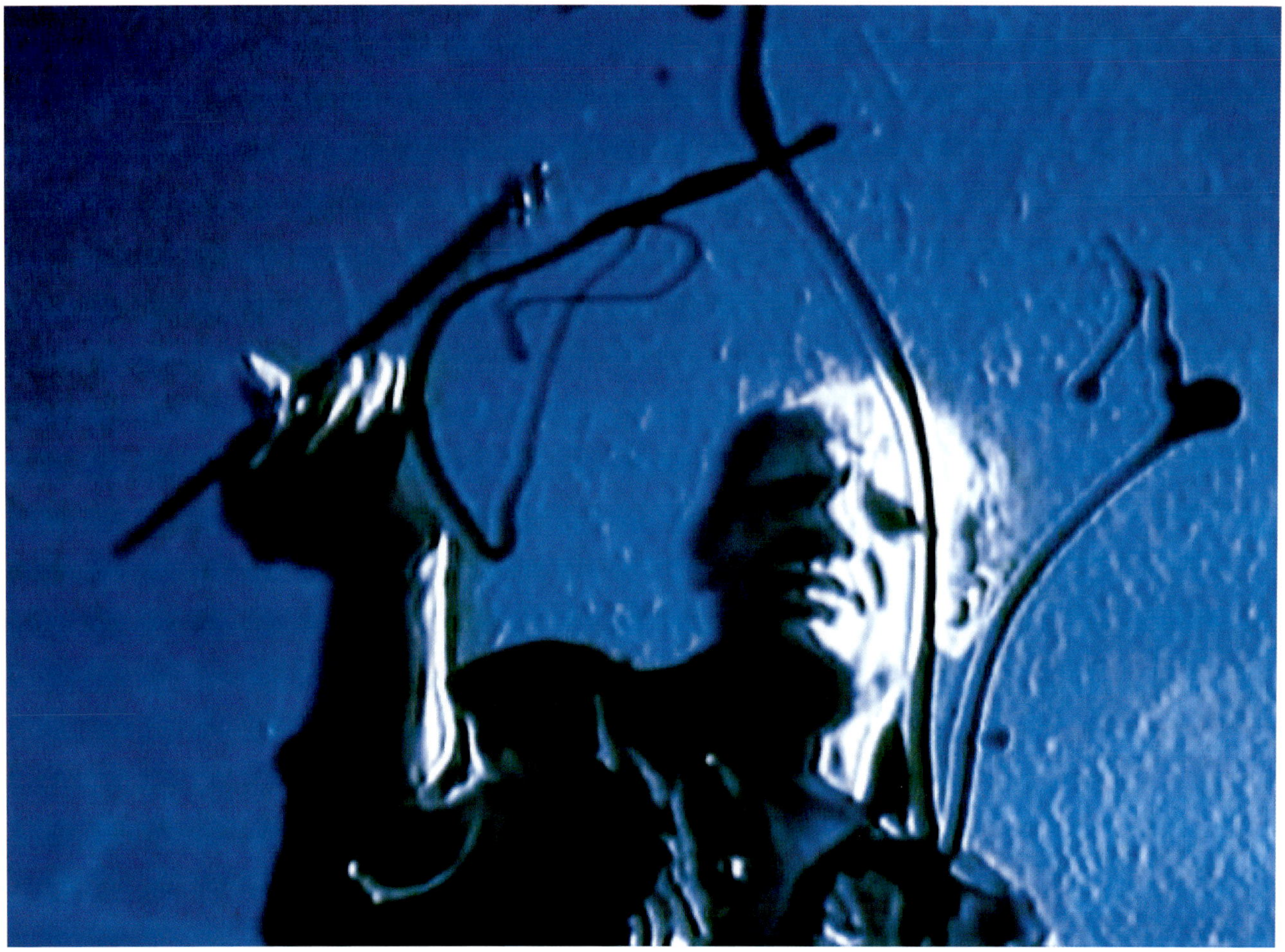

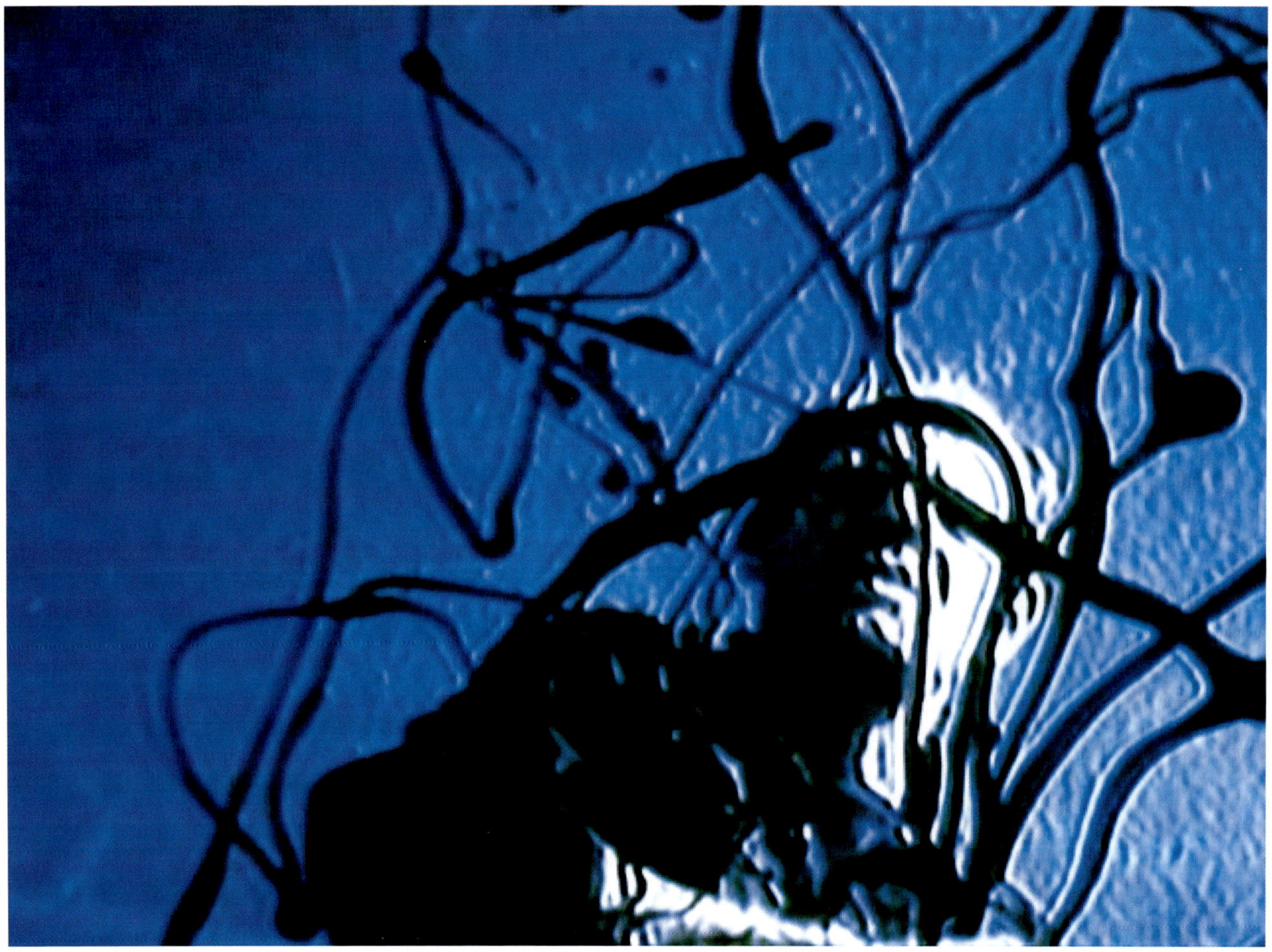

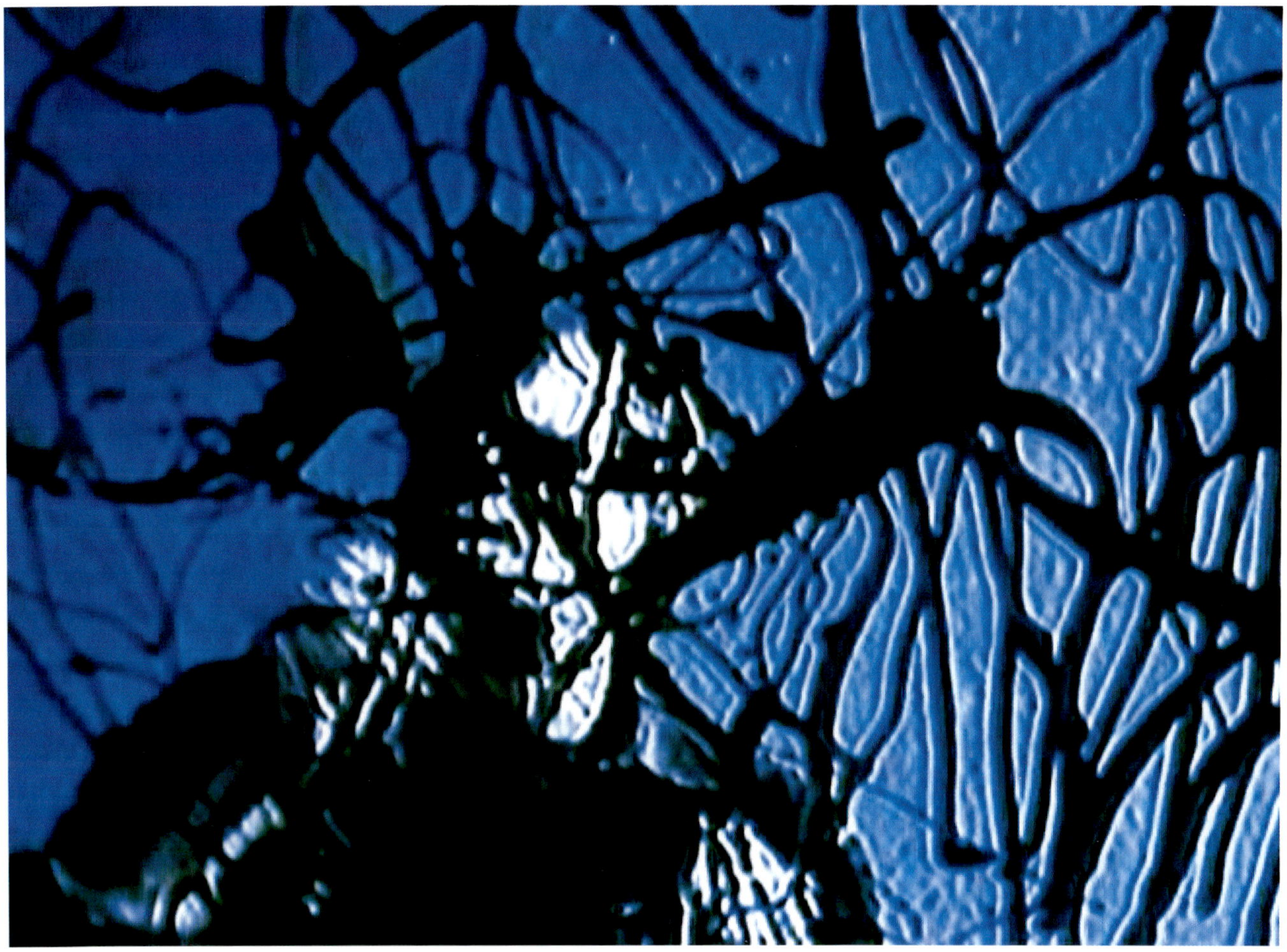

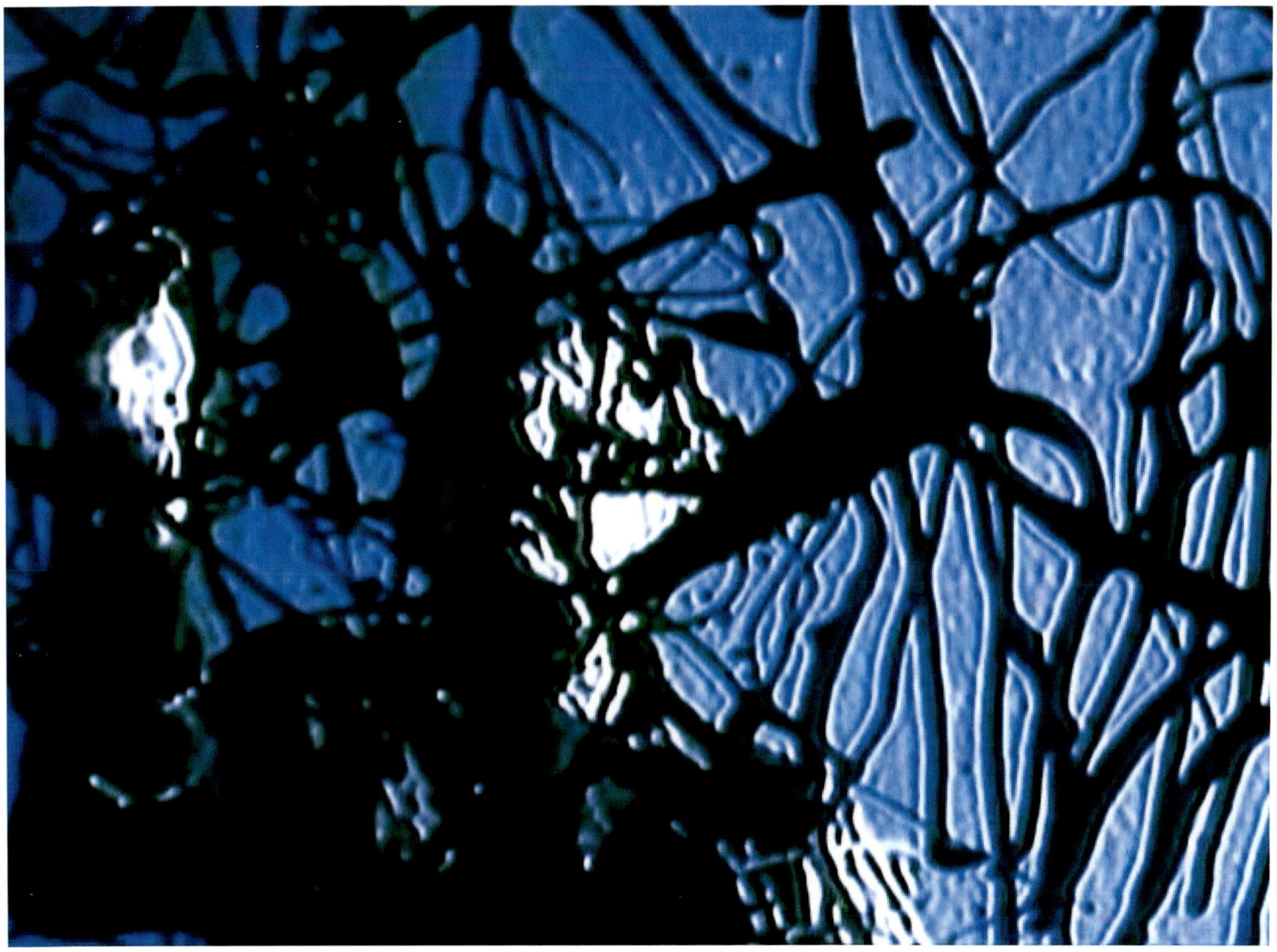

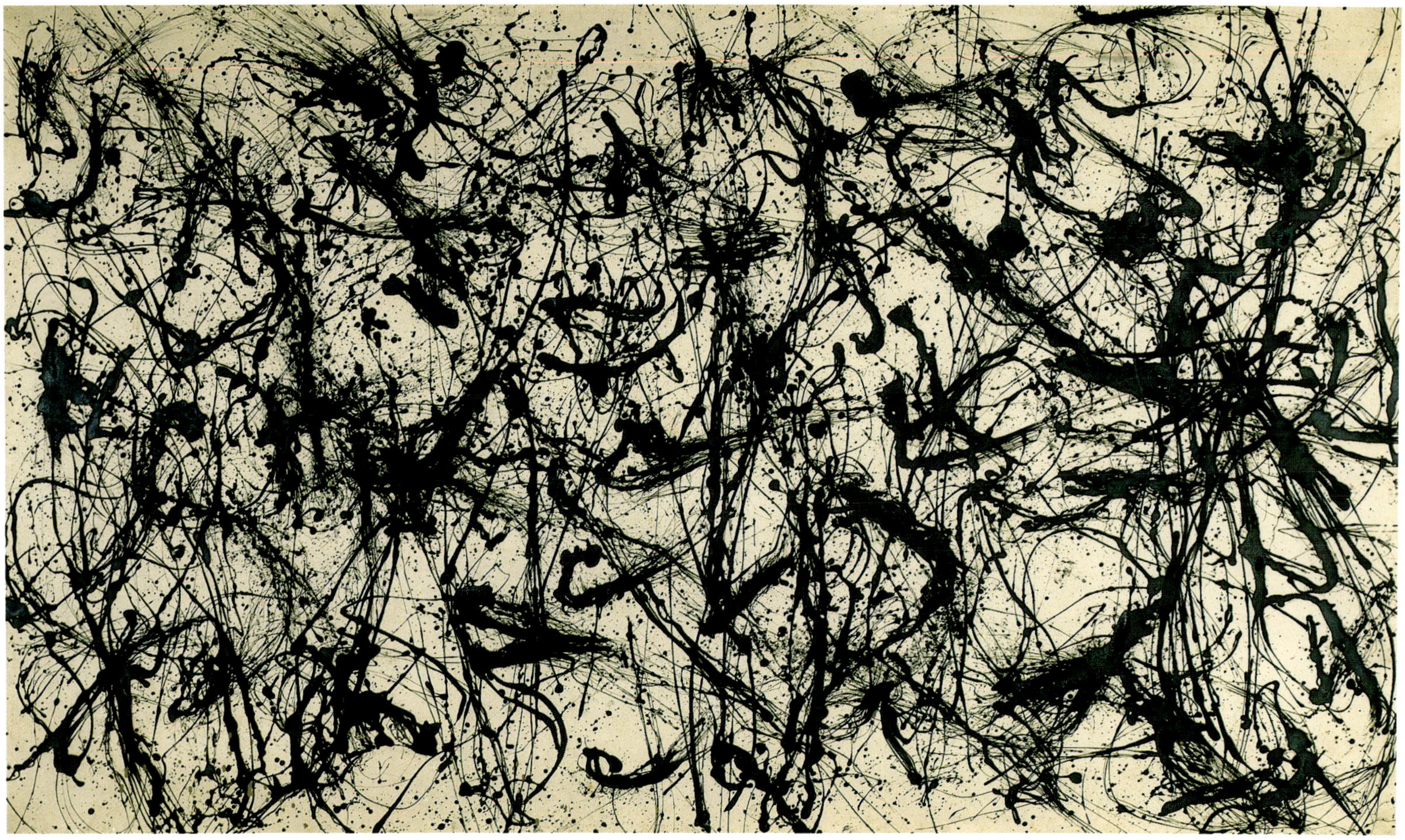

Number 32, 1950, 1950
Vernis sur toile, 269 x 457,5 cm
Düsseldorf, Kunstsammlung Nordrhein-Westfalen, K20

Dans *Number 32, 1950*, Pollock varie le principe de l'all-over en mettant de la tension dans le tableau à l'aide de nombreux centres d'énergie différents au lieu de l'animer par la modulation d'une ligne uniforme dansante.

ILLUSTRATIONS PAGES 74–75 :
Jackson Pollock peint sur verre pour le film « Jackson Pollock », 1951
Arrêts sur image : Hans Namuth et Paul Falkenberg

tions entre le tableau et le bord ainsi que les vides à l'intérieur du tableau jouant ici un rôle remarquable. Dans *One : Number 31, 1950*, les composantes qui s'y rapportent sont tout à fait différentes de celles que l'on trouve dans *Autumn Rhythm : Number 30, 1950*. La palette est comparable, avec une prépondérance de nuances allant de tonalités brunes aux valeurs de noir et de blanc en passant par les valeurs de gris. Mais le degré de condensation est différent, le degré dans lequel des lignes d'une force définie forment des centres, le degré dans lequel elles autorisent des espaces non atteints par les jets de peinture. On reconnaît immédiatement dans les deux tableaux qu'une limite picturale est reflétée durant la composition et qu'elle a un impact sur le tableau achevé.

Dans cette phase de son existence durant laquelle il réalise les tableaux les plus importants de sa carrière, Pollock ne boit absolument plus, sans doute aussi grâce à l'aide d'un médecin de East Hampton, le Dr Edwin Heller, qui lui prescrit des tranquillisants. Contrairement à l'opinion beaucoup trop souvent émise et répandue, les peintures qui remettent en question de manière radicale la tradition picturale, ne sont pas l'œuvre d'un artiste délirant.

A la fin de l'été et en automne 1950, le photographe Hans Namuth commence à observer Pollock en train de peindre. Finalement, il tournera un film qui documente la méthode de travail de celui-ci durant tous les week-ends d'octobre et de novembre. Dans le film en couleur, Namuth propose à Pollock de peindre sur une vitre, la caméra étant placée sous celle-ci (illustrations pages 74–75). Les derniers plans seront tournés trois jours après l'ouverture de sa quatrième exposition personnelle chez Betty Parsons, le 28 novembre 1950. La soirée, qui doit être une petite fête se terminera par une catastrophe. Pollock, qui a passé l'après-midi dehors dans le froid glacial de novembre – le film a été tourné en plein air –, rentre dans la maison et se met à boire sans s'arrêter. Il ne cesse de souffler à Namuth : « I'm not a phony – je ne suis pas un imposteur », avant de renverser la table au grand dam des convives.

Cet incident marque un dernier tournant dans la vie de Pollock. Il passera les années suivantes sous l'emprise de plus en plus forte de l'alcool et peindra de moins en moins. On ignore encore pourquoi les prises de vue avec Hans Namuth l'ont plongé dans une telle crise. A un certain point de vue, il semble ressentir son action devant la caméra, qui sera d'une importance décisive pour le développement de l'art-performance, comme une tromperie, comme s'il ne faisait que jouer au peintre pour la caméra et le spectateur. En donnant en spectacle à un public imaginaire l'échange intime qui s'est développé entre lui et le tableau dans l'intimité de la grange, il renonce à celui-ci. De fait, Pollock avait déjà fait semblant de peindre lors de séances photo avec le photographe Rudolph Burckhardt.

Durant les semaines qui suivent, la crise s'installe et cela est aussi en rapport avec l'absence de succès de l'exposition organisée chez Betty Parsons – l'espoir d'améliorer en vendant quelques toiles la situation encore critique sur le plan financier disparaît ainsi rapidement. L'exposition, une des meilleures de l'année 1950, selon la revue « Artnews » sera aussi la première qui lui vaudra des critiques de Greenberg. Pollock croit maintenant que Greenberg soutient son rival Willem De Kooning (1904–1997) et il semble que ce soit la fin de leur longue amitié.

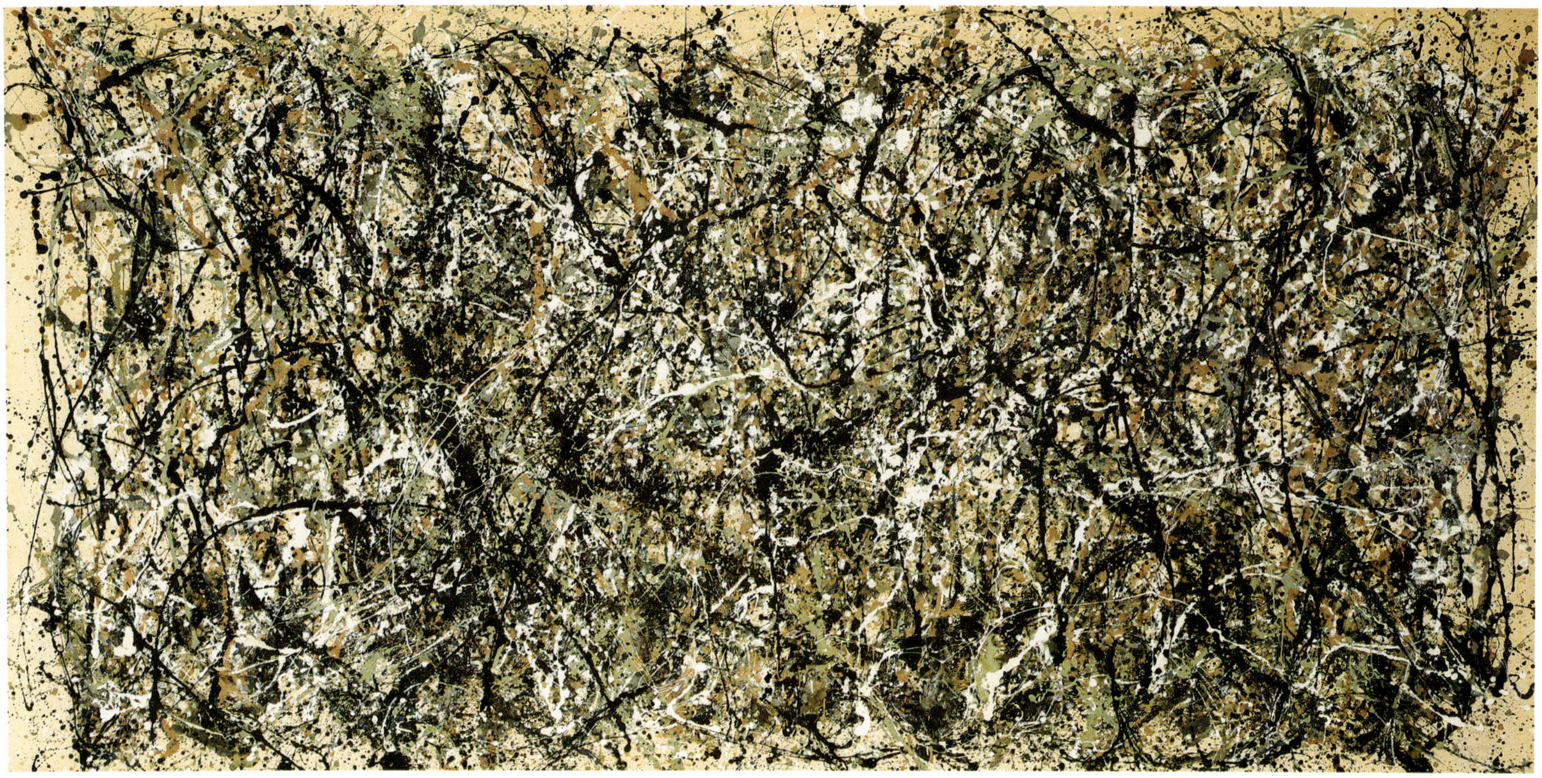

One: Number 31, 1950, 1950
Huile et vernis sur toile, 269,5 x 530,8 cm
New York, The Museum of Modern Art.
Sidney and Harriet Janis Collection Fund (by exchange)

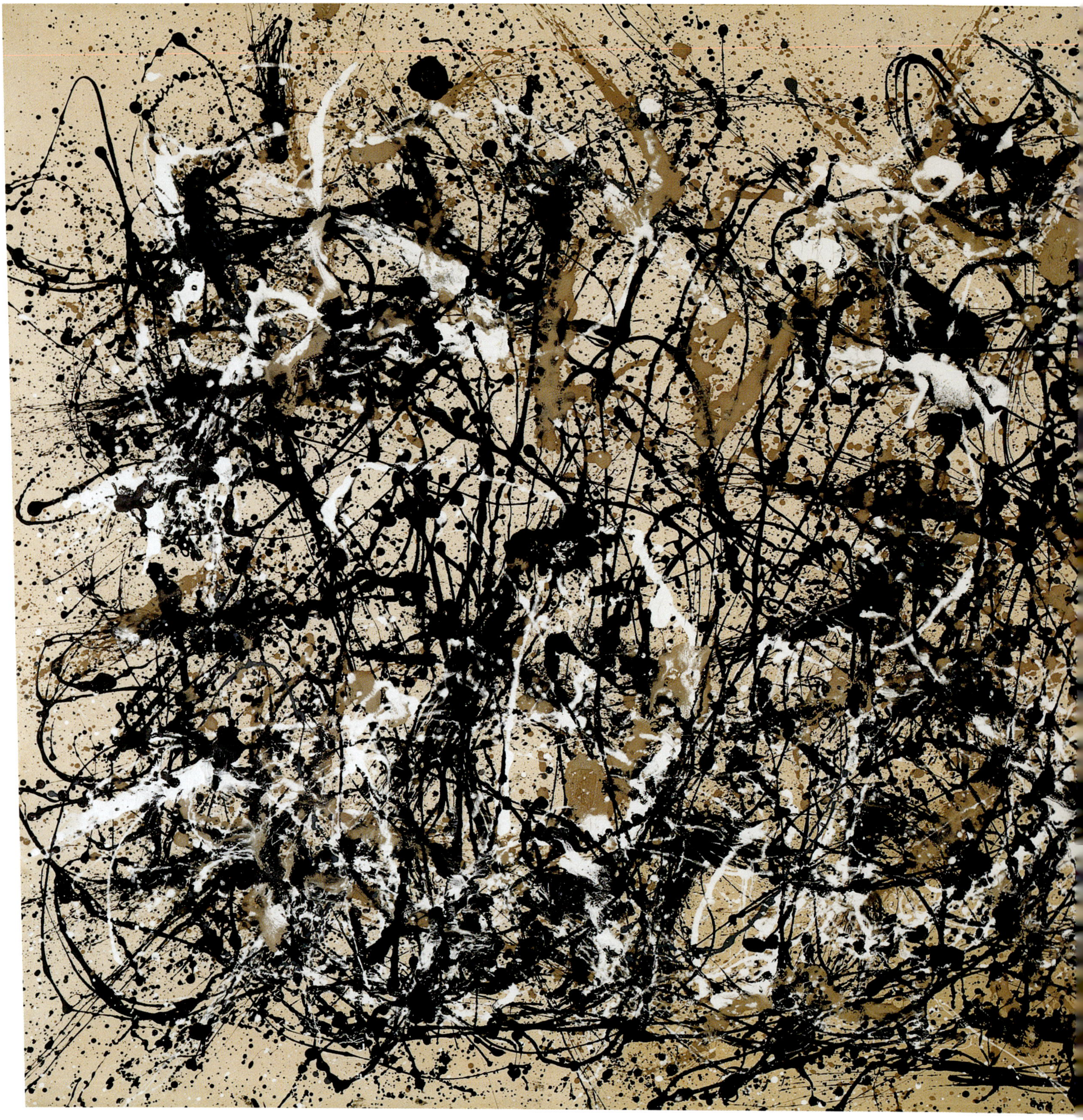

Autumn Rhythm: Number 30, 1950, 1950
Huile sur toile, 266,7 x 525,8 cm
New York, The Metropolitan Museum of Art,
George A. Hearn Fund, 1957 (57.92)

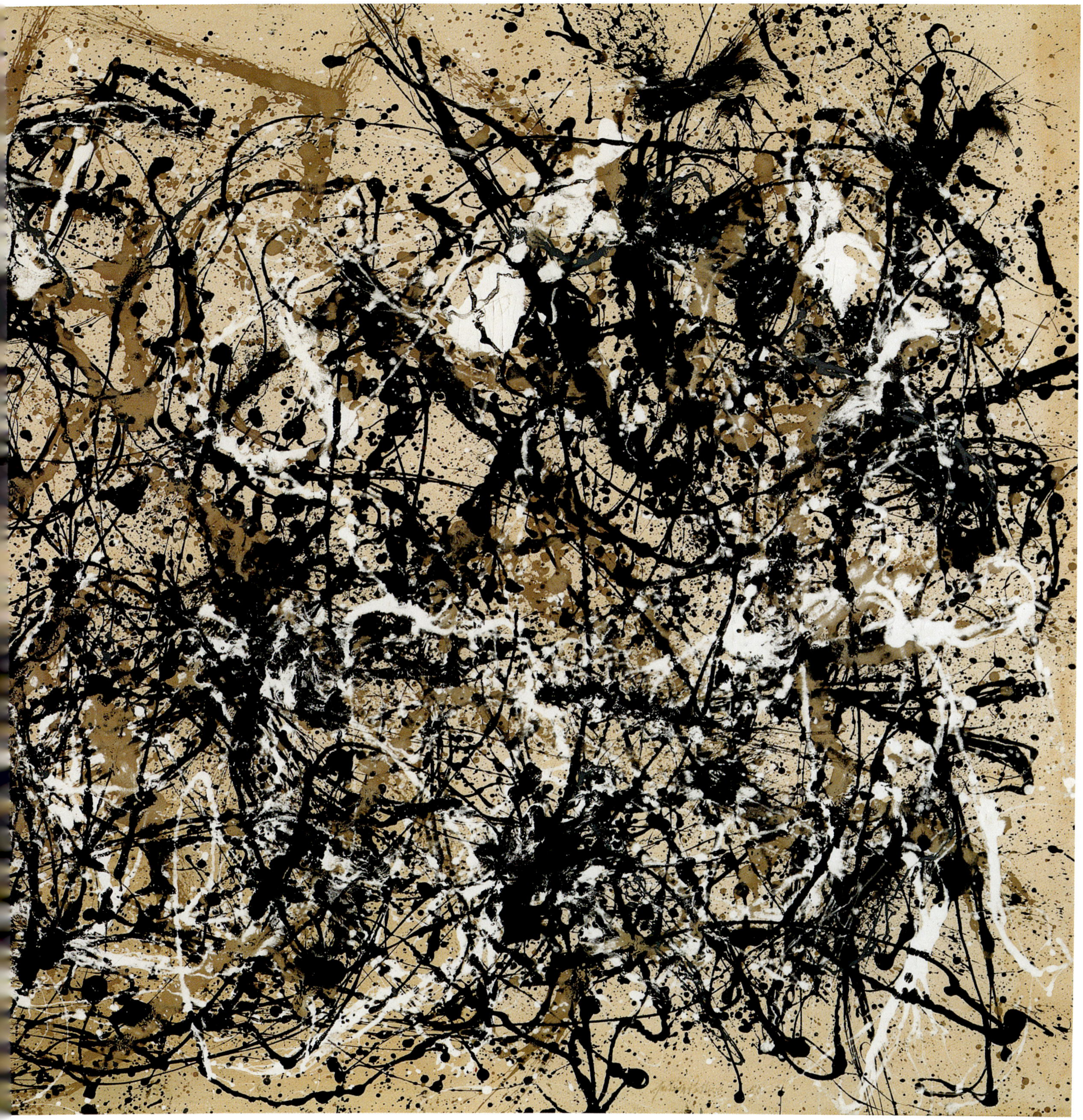

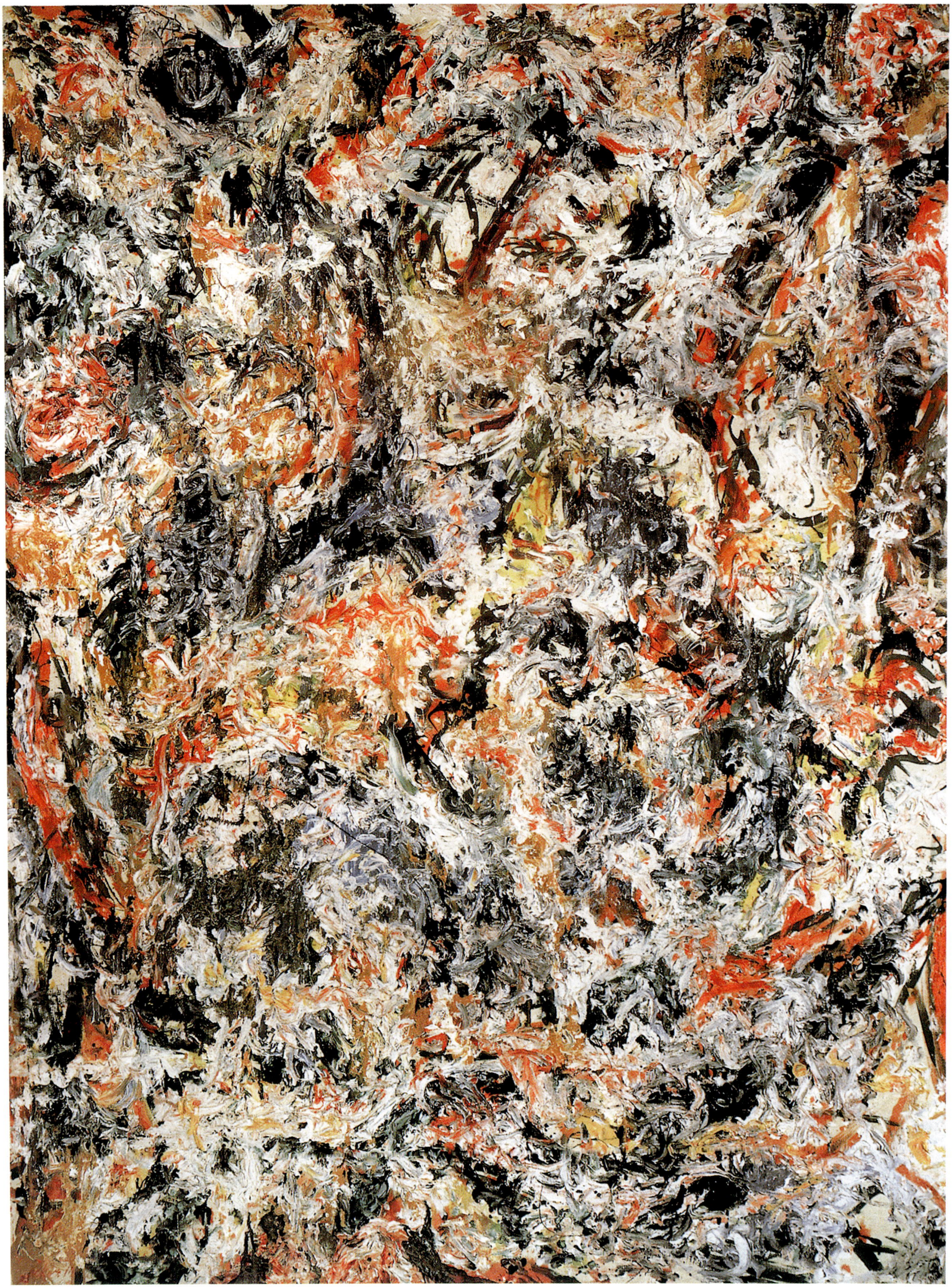

Artiste maudit ou Prométhée américain ?

En 1951, Pollock achève une série de tableaux à l'huile et à l'émail qui seront connues sous le nom de *Black Paintings,* les peintures noires. Au lieu d'accroître encore à l'extrême la complexité d'un chef-d'œuvre comme *Lavender Mist: Number I, 1950* (illustration page 90), Pollock opère un retour vers des formes expérimentées dans des œuvres comme *Gothic* (illustration page 55). Dans *Number 14, 1951* (illustration page 82) ou dans *Number 18, 1951*, on croit aussi trouver l'écho de peintures antérieures telles *Stenographic Figure* (illustration page 43) ou de dessins en possession de Henderson. Bien que Greenberg prenne de nouveau parti pour Pollock, l'exposition des *Black Paintings* chez Betty Parsons n'a aucun succès.

Pollock pense que sa célébrité croissante devrait aussi se répercuter progressivement sur le nombre de tableaux vendus et c'est ainsi qu'en 1952, il quitte Betty Parsons pour Sidney Janis qui le persuade de donner à nouveau de véritables titres à ses tableaux, ce qui les rend plus accessibles aux spectateurs. Pollock produit si peu que sa première exposition personnelle chez Janis en novembre 1952 a presque le caractère d'une rétrospective de son œuvre. A côté des *Black Paitings,* on ne note que deux nouveaux tableaux : *Convergence : Number 10, 1952* (illustration pages 88–89) et *Blue Poles : Number 11, 1952.*

Ce qui différencie *Convergence* des œuvres de l'été 1950, c'est en particulier son aspect multicolore qui frise la vulgarité. Même face à des tableaux qui ne présentent pas l'austérité de *Number 32, 1950* sur le plan des couleurs et de la composition, il apparaît comme une sorte de délire, dont la violence va de pair avec l'agitation et le manque de concentration. Avec *Number I, 1952* (illustration pages 86–87), réalisé avant qu'il ne passe un contrat avec Sidney Janis, Pollock revient à la légèreté lyrique et dansante de *Mural* ou *Summertime.*

Dans cette œuvre, les configurations noires au-dessus du grouillement de petites particules d'accents blancs apposés au pinceau possèdent encore quelque chose de la vigueur des lignes hardies qui caractérisent les grands formats antérieurs de Pollock. Au moins, ceux-ci peuvent être regroupés en séries, tandis que maintenant l'artiste réalise des œuvres isolées qui se réfèrent souvent à des tableaux antérieurs. Cette vérification de la capacité des travaux anciens va de pair avec un changement de technique : Pollock ne peint plus la toile posée sur le sol mais opère un retour vers le tableau de chevalet et donc vers la peinture au pinceau. Il mélange les deux techniques picturales dans *Portrait and a Dream* (1953 ;

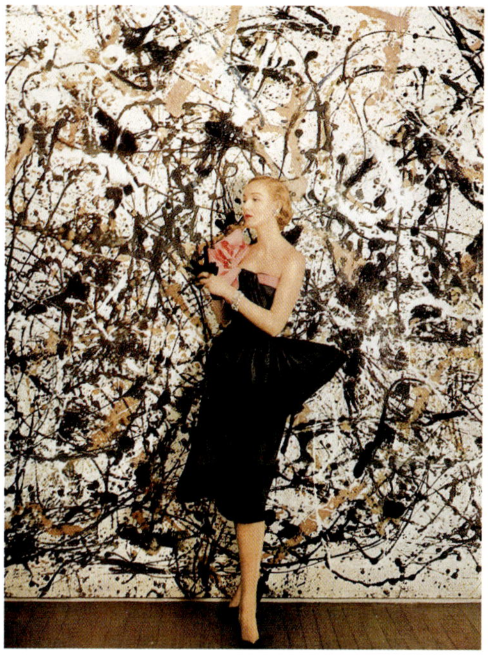

« The New Soft Look », 1951
Photographié avec, en arrière-plan, l'exposition de Pollock chez Betty Parsons
Photographie : Cecil Beaton
Courtesy *Vogue*. Copyright © 1951 (renouvelé en 1979) Condé Nast Publications, Inc.

Untitled (Scent), vers 1953–1955
Huile et vernis sur toile, 99 x 146 cm
Los Angeles, CA, Collection David Geffen

illustration pages 84–85), qui combine les parties où la peinture s'égoutte et ruisselle sur la toile et celles où elle a été appliquée au pinceau. C'est certainement un des tableaux tardifs les plus faibles de l'artiste alors que *The Deep* (illustration page 83) de 1953 et *Untitled (Scent;* illustration page 80), réalisé de 1953 à 1955, méritent à plusieurs points de vue que l'on s'y intéresse. *The Deep* est une exception dans l'œuvre de Pollock. La tendance à, pour ainsi dire, uniformiser les zones blanches pour renforcer le contraste avec la « plaie » noire qui s'ouvre, contredit ses intentions antérieures visant à faire vibrer la surface picturale de manière rythmique. La forme ovale noire donnera l'occasion de spéculer sur la représentation allusive d'un vagin et son interprétation.

Scent est l'une des dernières œuvres de Pollock et en même temps l'unique résultat de vingt mois de travail. La petitesse des traits de pinceau et l'utilisation de blanc empêchent que l'aspect bigarré du tableau ne soit ressenti comme vulgaire. La surface picturale qui donne l'impression d'être incrustée est animée de diverses manières et l'attention empathique de Pollock pour la nature s'exprime une dernière fois dans cette toile vigoureuse, chargée de tension. Son animisme et son panthéisme débouchent ici sur une œuvre qui thématise à nouveau un rêve de la peinture nourri depuis Kandinsky : celui de la synesthésie qui agit sur la perception sensorielle et dans laquelle une excitation optique doit stimuler d'autres organes des sens – l'œuvre picturale devenant alors la première pierre de l'œuvre d'art totale.

Vues avec le recul, les années 1951 à 1956, l'année de la mort de Pollock, sont des années de décadence. Il produit moins, démolit plusieurs voitures en conduisant en état d'ivresse, se soumet à des traitements douteux ; son mariage avec Lee Krasner, probablement aussi en raison du succès croissant de celle-ci, se dégrade et Pollock se console auprès d'autres femmes. Pourtant, en même temps, sa réputation officielle se renforce de plus en plus. Ses œuvres sont exposées à Paris, Zurich, Düsseldorf, Helsinki et Oslo ; en 1950, il participe à la Biennale de Venise, et

The Deep, 1953
Huile et vernis sur toile, 220,4 x 150,2 cm
Paris, Musée National d'Art Moderne, Centre Georges Pompidou

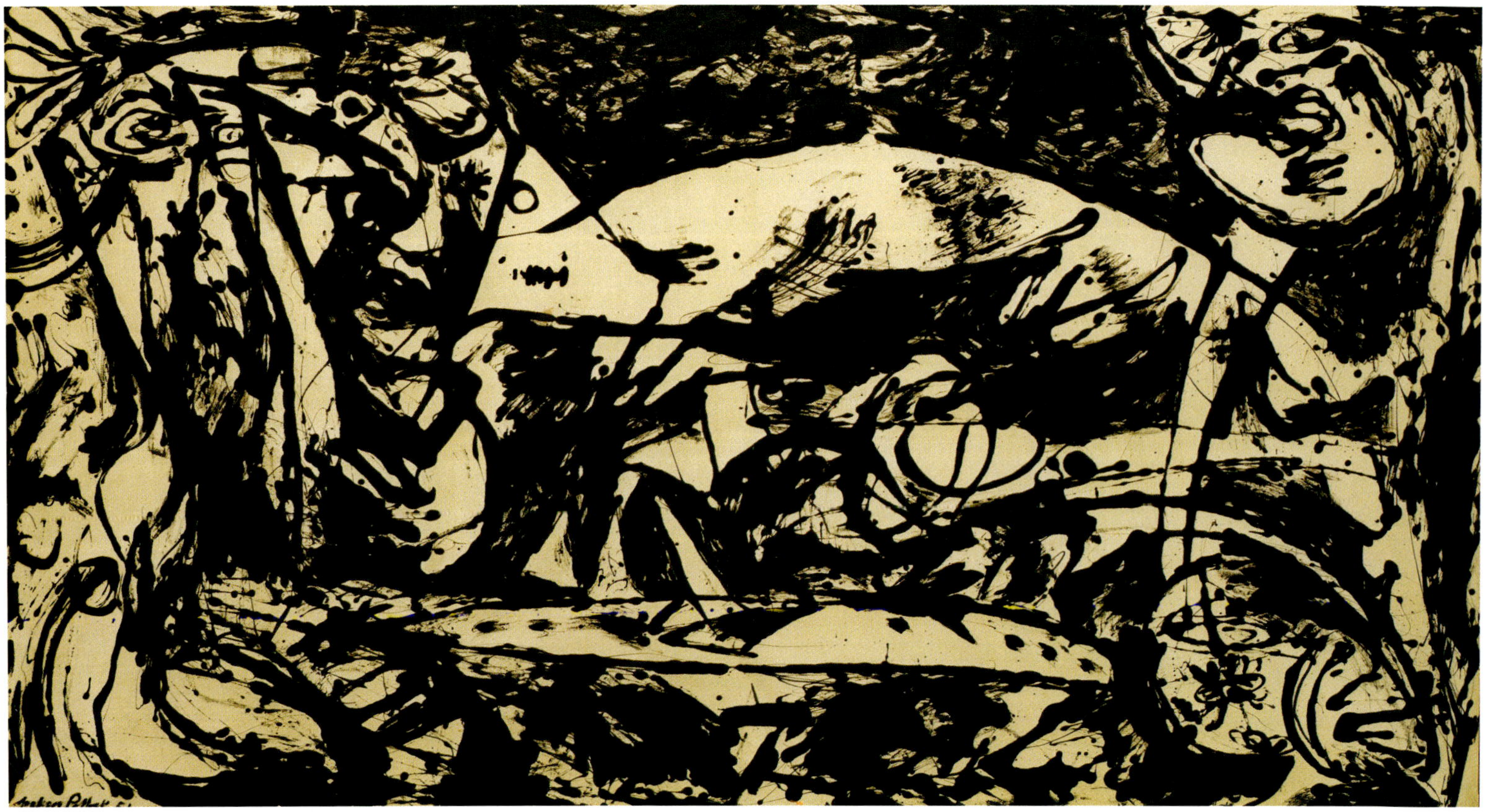

Number 14, 1951, 1951
Vernis sur toile, 146,4 x 269,2 cm
Londres, Tate Gallery

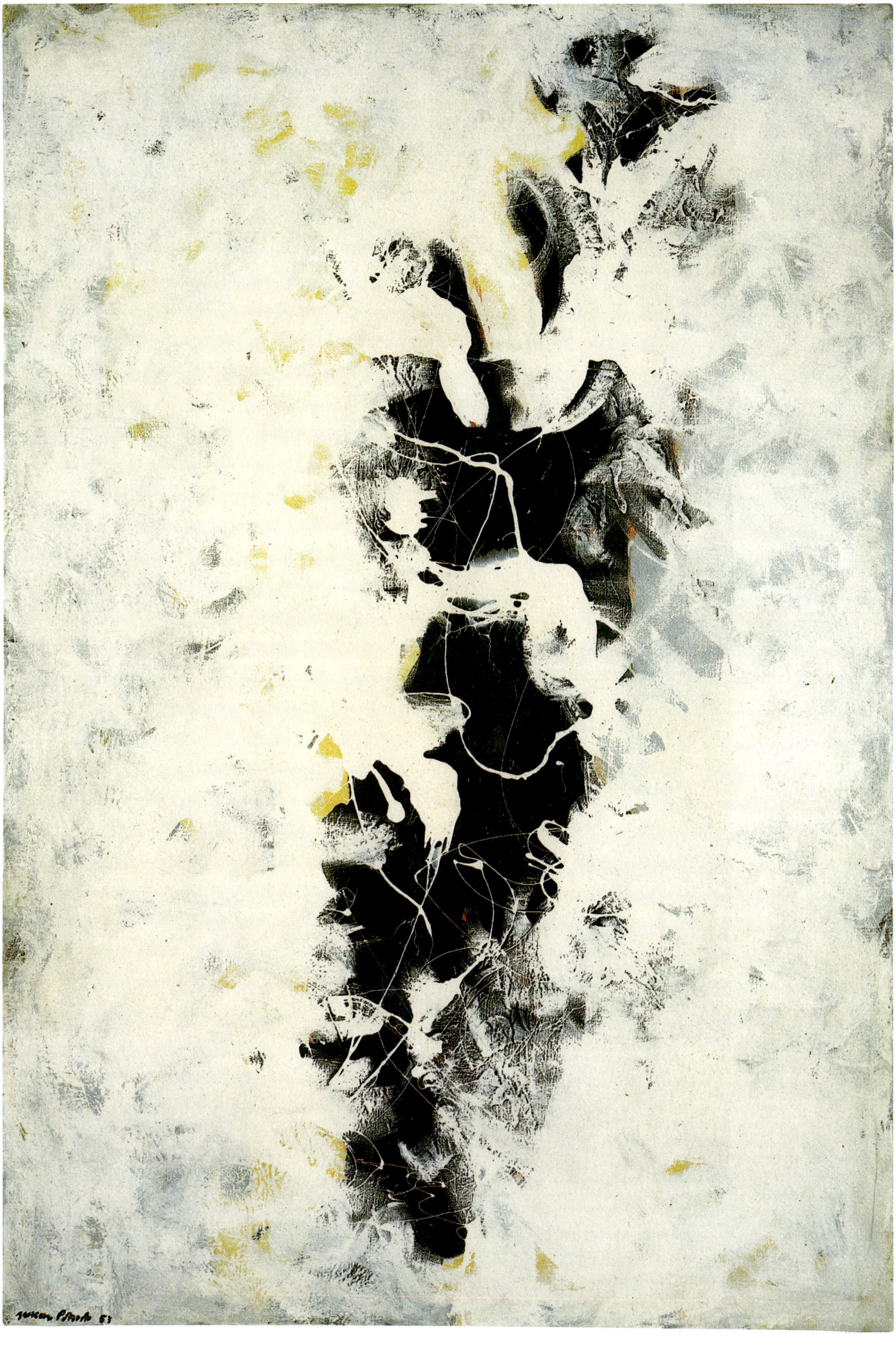

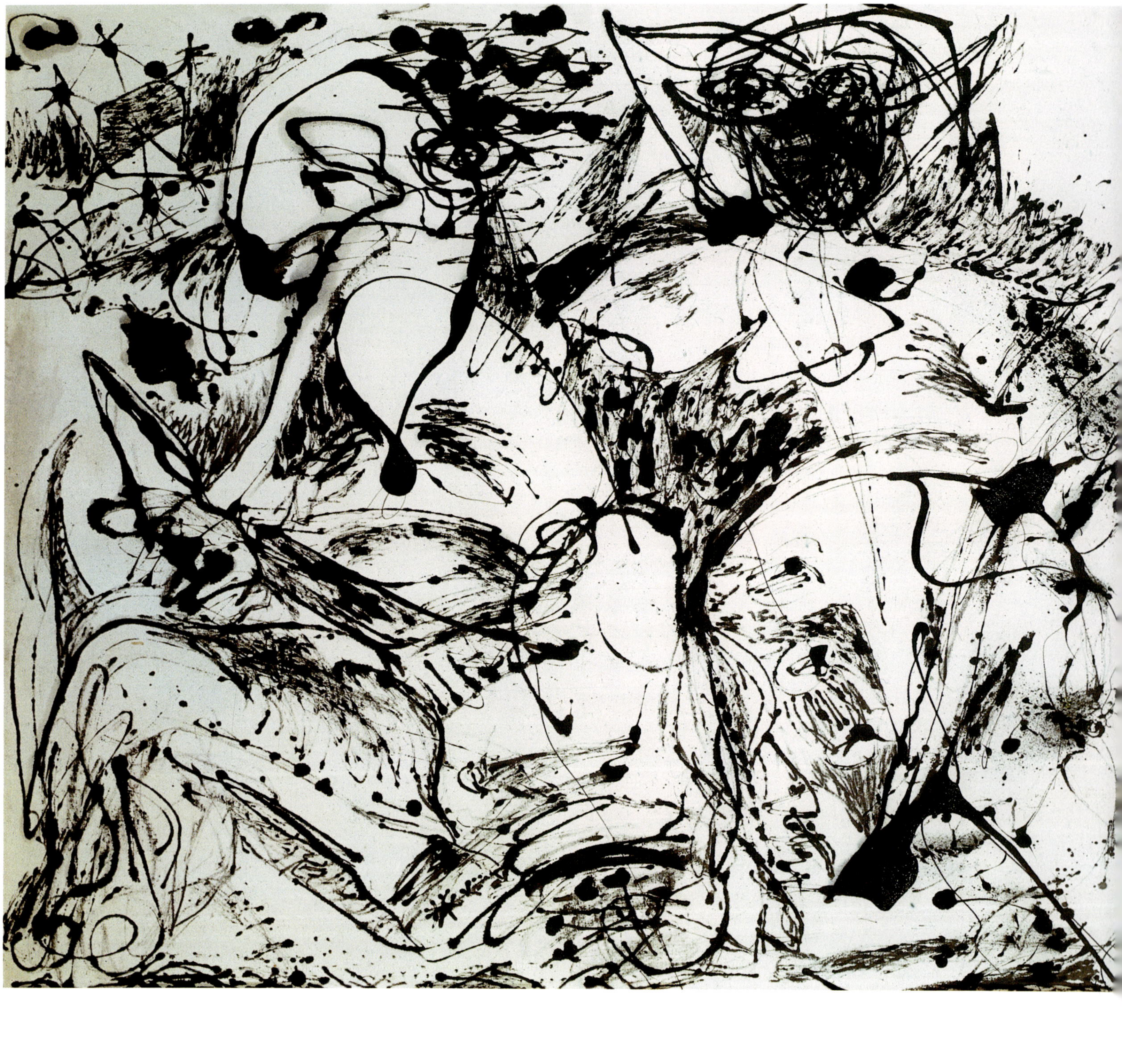

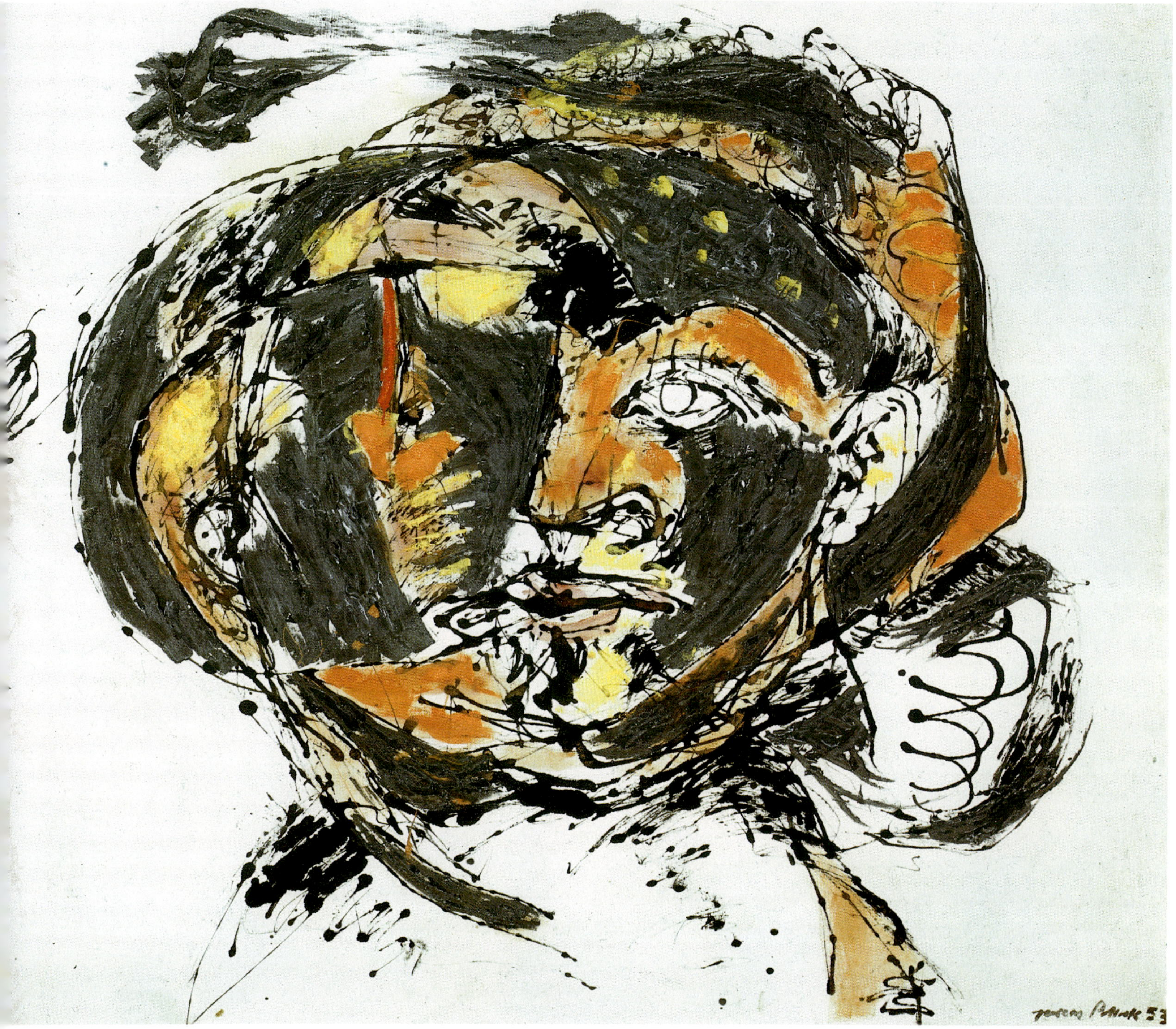

Portrait and a Dream, 1953
Huile sur toile, 148,6 x 342,2 cm
Dallas, TX, Dallas Museum of Art. Gift of
Mr. and Mrs. Algur H. Meadows and the
Meadows Foundation, Inc.

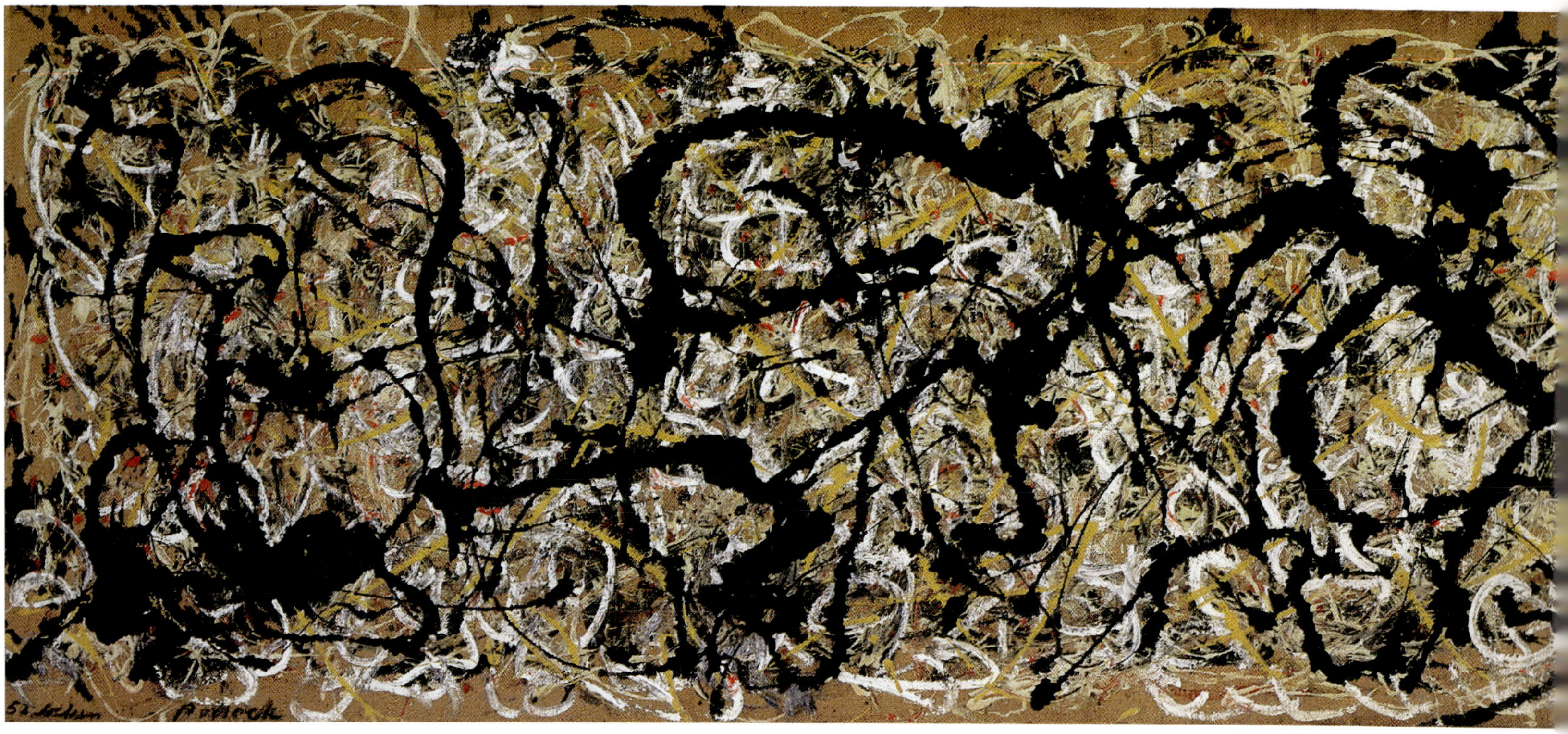

Number 1, 1952, 1952
Huile et vernis sur toile, 66 x 269,2 cm
Collection particulière. Courtesy C & M Arts, New York

le Museum of Modern Art projette en 1956 sa première rétrospective personnelle. Au moins depuis la documenta II de Kassel en 1959, sa position dans l'histoire de l'art, sa réputation absolue de figure de proue de l'expressionnisme abstrait américain est incontestée.

Ceci repose avant tout sur la force incontestable de tous les chefs-d'œuvre réalisés durant la fin des années 1940. Il est certain qu'ils ont fait reculer à l'extrême les limites de l'expressionnisme abstrait, et les formats monumentaux de Pollock offrent au spectateur de manière impressionnante la possibilité de percevoir l'expérience qu'il a décrite d'être « dans le tableau ».

Néanmoins, Pollock est en même temps le premier artiste au mythe duquel les médias de masse ont collaboré de manière décisive. Il est le premier artiste américain correspondant au type de l'« artiste maudit » – sa personnalité fragile et son caractère difficile offraient les possibilités idéales pour ranimer l'image du génie tourmenté, courante depuis l'époque romantique. La construction de ce mythe passa d'abord par le schéma de « l'homme de l'Ouest » : Pollock dans son modèle A Ford, Pollock posant devant *Summertime* pour le « Life Magazine » d'août 1949 (illustration page 87). Les bras croisés sur la poitrine, la tête penchée, l'éternelle cigarette au coin des lèvres, il regarde le spectateur d'un air sceptique, provocant, avec un mépris non déguisé – une telle photographie le rapproche de celles qui sont restées dans toutes les mémoires – celles de James Dean et de Marlon Brando qui s'insurgent au cours des années 1940/1950 contre la médiocrité de la société américaine et représentent en même temps le mythe américain originel.

Et le mythe doit beaucoup aussi aux photographies de Hans Namuth qui montrent Pollock à des phases diverses de son travail de création. Nous y voyons un homme méditant, le front soucieux, sur ce qu'il va faire ; un homme qui avec la force physique et l'élégance d'un danseur, la concentration d'un chaman, se déplace autour du champ pictural et fait couler de la peinture sur la toile.

Le succès de ces prises de vue et de l'art dont elles documentent la création est aussi en relation avec le fait qu'aux Etats-Unis et en Europe de l'Ouest l'ab-

ILLUSTRATION PAGES 88–89 :
Convergence: Number 10, 1952, 1952
Huile et vernis sur toile, 237,49 x 393,7 cm
Buffalo, NY, Albright-Knox Art Gallery. Gift of Seymour H. Knox, Jr., 1956 K1965:7

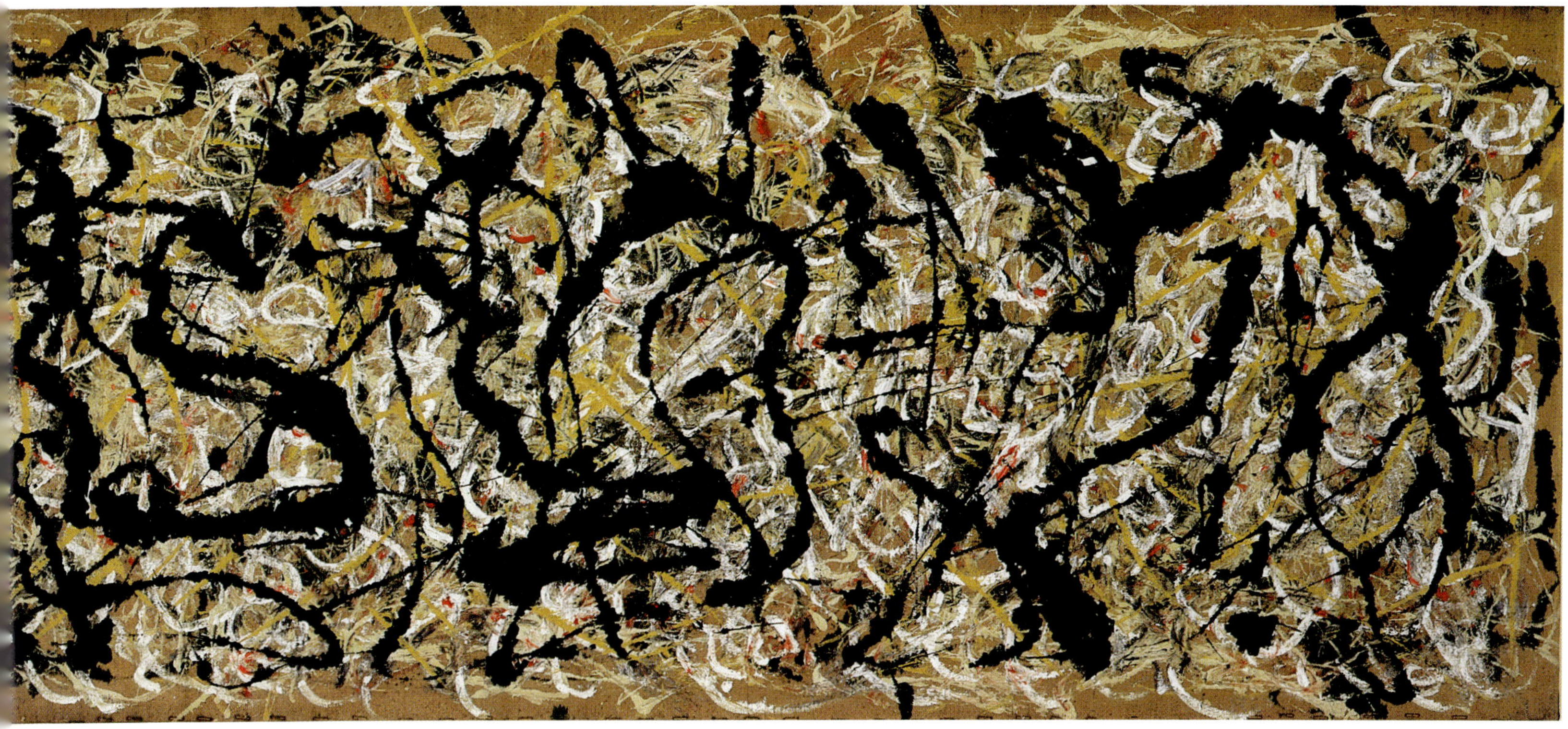

straction est instrumentalisée comme étant l'art du monde libre en opposition au réalisme socialiste des pays de l'Est. A l'instar de Willi Baumeister (1889–1955) et Fritz Winter (1905–1976), monopolisés comme les artistes de l'ère Adenauer, Pollock pouvait devenir la figure emblématique de l'art occidental qui permet à l'individu de s'exprimer librement, contrairement au réalisme socialiste qui met l'art au service de la lutte des classes. On se gardera bien de faire remarquer le fait que l'expressionnisme abstrait a été autrefois proche des idéaux marxistes.

Quelques exemples pour illustrer quelles libertés les transgressions de Pollock ouvrent à l'art : les travaux de Robert Morris (né en 1931) sur des matériaux plastiques flexibles ou les œuvres intégrant des projections de plomb fondu de Richard Serra (né en 1939) trahissent directement l'influence de Pollock. Quant au principe du all-over, on le retrouve dans les tableaux non-relationnels ou les installations d'artistes anti-expressifs comme Frank Stella (né en 1936) et les installations au sol de Carl Andre (né en 1935).

La génération d'artistes pop art se réfère ironiquement à Pollock : dans *Bedroom Ensemble*, Claes Oldenburg (né en 1929) répète en 1963 sur le plan du dessin le dripping de Pollock. Roy Lichtenstein (né en 1923) tourne généralement en ridicule le trait de pinceau gestuel rapide en le reproduisant à la manière d'un dessin animé – le geste de l'individualité que l'on ne peut circonvenir et de la subjectivité, le symbole de l'expressionnisme abstrait, est cité comme une manière de peindre répétable à volonté, reproductible industriellement. Et la technique de Pollock, son renoncement radical à une composition soigneusement réfléchie dans laquelle l'action de peindre est un risque existentiel, un combat dans l'arène, Lichtenstein l'ironise dans *Compositions* qui montre la couverture d'une partition. Le motif qui évoque Pollock entre avec le titre « Compositions » dans une forme de dialogue au cours duquel chaque position abandonne véritablement l'autre à l'ironie.

Faute de place, nous ne pouvons étudier l'impact de divers aspects de la peinture de Pollock sur des artistes aussi différents que Lynda Benglis, Eva Hesse, Yves Klein, Brice Marden, Julian Schnabel et Robert Smithson. Mais il nous reste

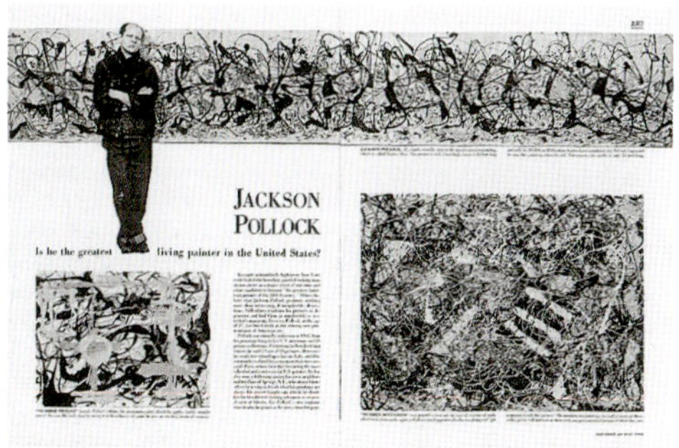
JACKSON POLLOCK
Is he the greatest living painter in the United States?

Pollock devant son tableau *Summertime*, 1948
Photo pour l'article « Jackson Pollock » LIFE 8/8/49
Photographie : © Arnold Newman / Getty Images
© 1949 TIME Inc. reprinted by permission

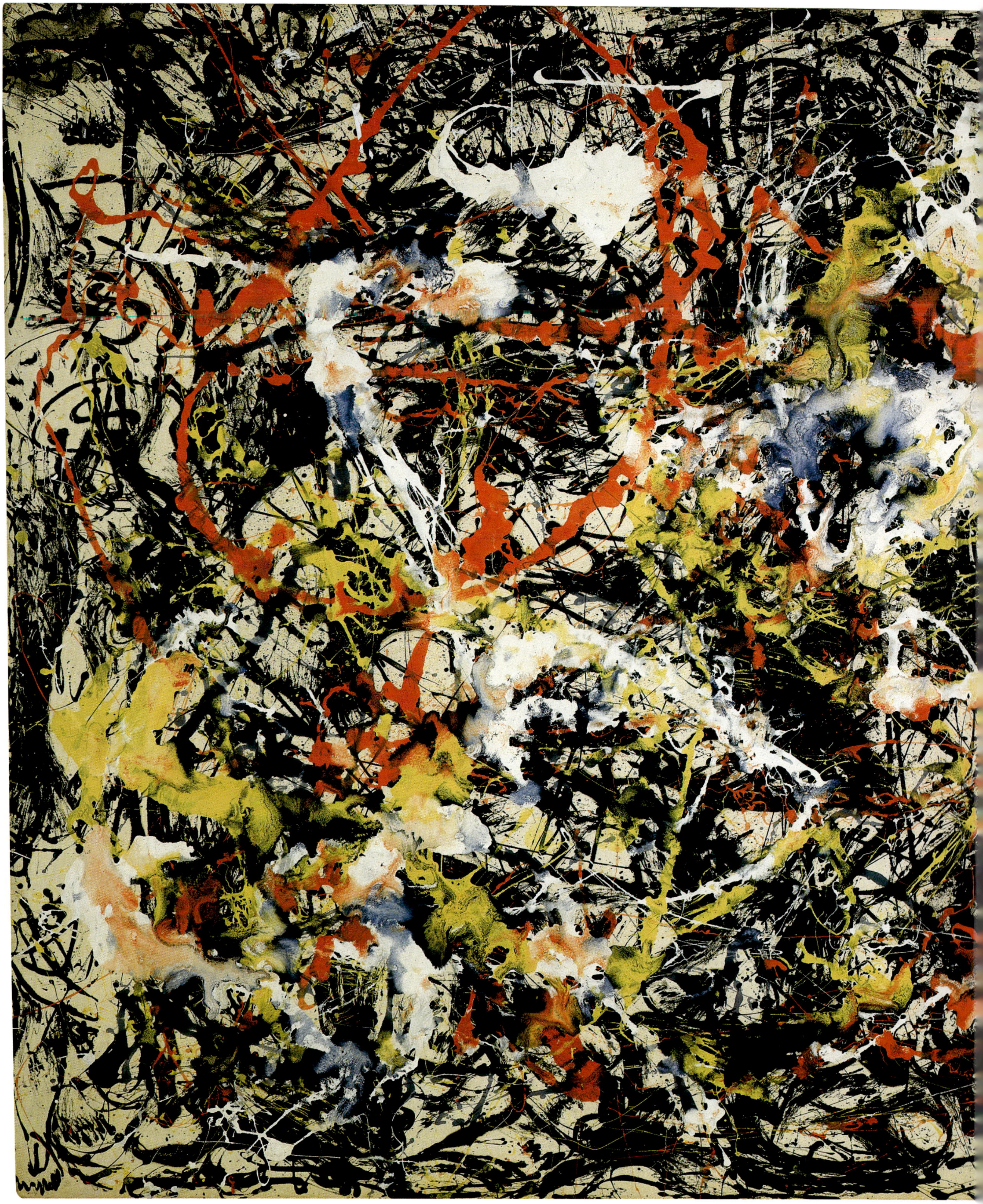

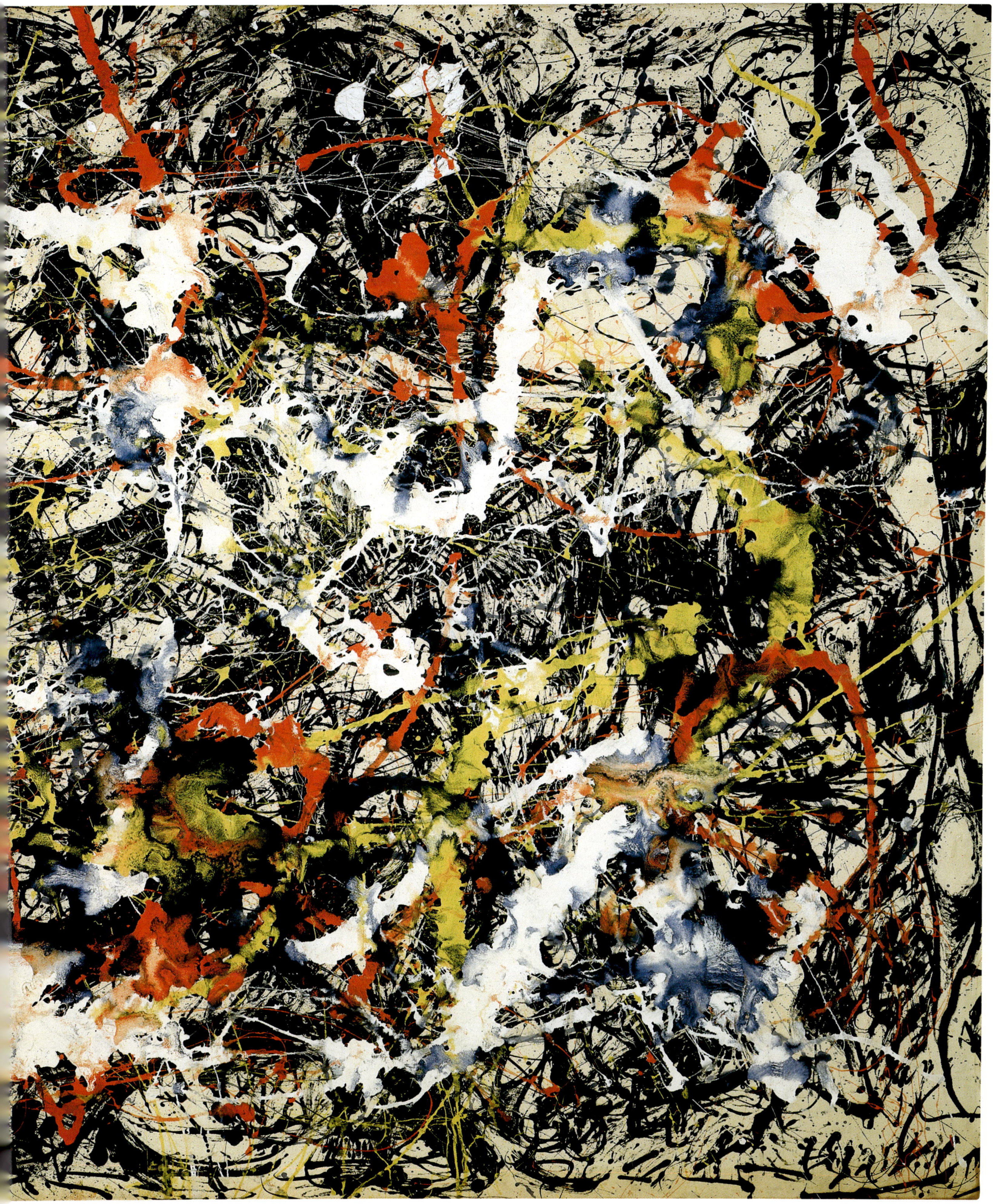

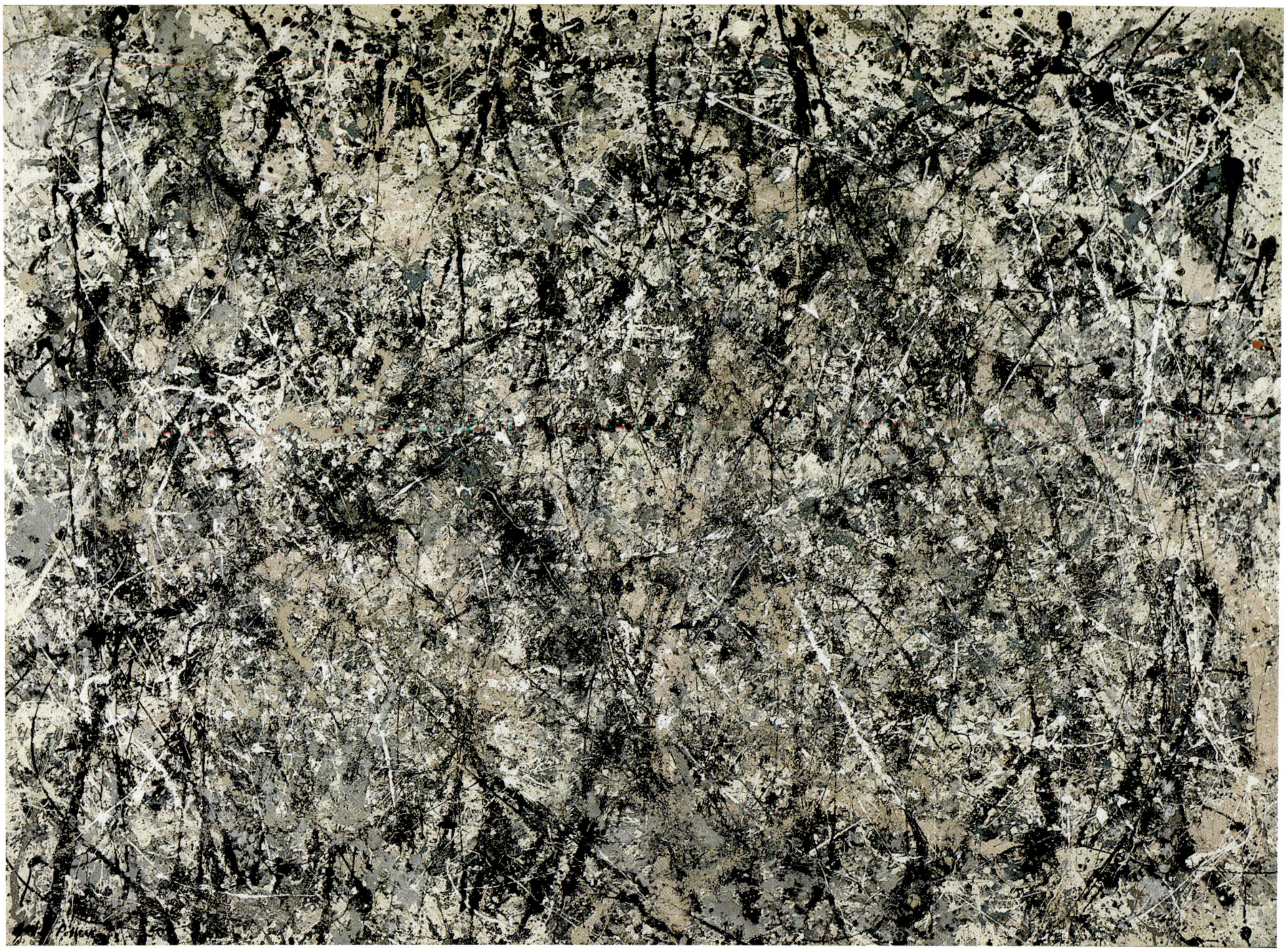

Lavender Mist: Number 1, 1950, 1950
Huile, vernis et peinture aluminium sur toile,
221 x 299,7 cm
Washington, DC, National Gallery of Art.
Ailsa Mellon Bruce Fund

Lavender Mist : Number 1, 1950 est sans aucun doute un des chefs-d'œuvre de Pollock. Lui-même ne surpassera plus la complexité linéaire, la tension et l'éclat des coloris caractérisant ce tableau qui témoigne avec vigueur de la force créative débridée de Pollock de 1947 à 1951.

à mentionner deux éléments qui documentent dans quelle mesure Pollock est encore intéressant aujourd'hui en tant qu'incarnation de l'artiste moderne. Pour son travail *Barn*, le photographe allemand Thomas Demand (né en 1964) a reconstruit très exactement un coin de la grange de Pollock sous la forme d'une maquette en papier avant de photographier celle-ci. Aucune technique ne pouvait être plus étrangère à Demand ou à Andreas Gursky (né en 1955), dont le *O.T. VI*, 1997 montre le *One: Number 31, 1950* de Pollock, que la gestuelle expressive du peintre américain. Pourtant, dans leur photographie conceptuelle, ils se réfèrent à Pollock comme à une position définie importante dans l'histoire de l'art, même si elle représente l'anti-pôle de leur stratégie, confirmant par là-même son rang.

Au fond, il est étonnant que le film d'Ed Harris sur Jackson Pollock ne soit sorti qu'en 2002 dans les salles, vu que la biographie de l'artiste se prête admirablement à l'adaptation au grand écran. Le film ne dénote pas seulement de solides connaissances – il renonce à toute idéalisation pathétique du protagoniste et ne tente pas de transformer celui-ci en génie qui échoue tragiquement. Il s'en tient aux faits connus et ne passe pas non plus sous silence les facettes déplaisantes de son caractère et de celui des personnes qui l'entourent.

Les photos de mode prises en 1951 par Cecil Beaton (illustration page 81) – il fera poser des modèles entre autres devant *Autumn Rhythm* pour le magazine « Vogue » –, montrent à quel point l'œuvre de Pollock est popularisable. Quelque chose dans ses tableaux les fait paraître appropriés pour souligner la classe des femmes et des vêtements qu'elles portent. En même temps, les tableaux veulent prouver que les commanditaires et le photographe sont des amateurs d'art ayant des connaissances et du goût.

La fameuse robe Pollock réalisée en 1982 par Mike Bidlo (né en 1953 ; illustration à droite) est aussi une forme de vulgarisation. Mais on ne décèle aucune ironie ici, contrairement au *Bedroom Ensemble* de Claes Oldenburg. Non, c'est plutôt une sorte d'hommage rendu par une représentante de la scène des galeries du East Village de New York – elles ont le goût des expériences et l'euphorie de l'essor leur donne des ailes –, qui tire ainsi sa révérence à un rebelle.

L'œuvre de Jackson Pollock, plus qu'aucune autre peut-être, a marqué la compréhension artistique dans la seconde moitié du 20e siècle. Elle balise un point extrême de la subjectivité et un défi des conventions en ce qui concerne la manière dont il faut encore comprendre la peinture. Ce n'est pas pour rien que les représentants des grands courants artistiques qui ont suivi l'expressionnisme abstrait ont toujours cherché des points d'ancrage hors de la subjectivité de l'artiste – qu'il s'agisse de la figuration agissant comme régulateur ou d'une forme de conceptualité qui intègre chaque résultat isolé dans une stratégie et en donne les raisons objectives. Pollock a dû sentir qu'il était arrivé aux limites de ce que l'on peut comprendre en tant que peinture : priant un jour Lee Krasner de contempler un tableau, il ne lui demanda pas si elle le jugeait bon ou mauvais mais : « Est-ce une peinture ? »

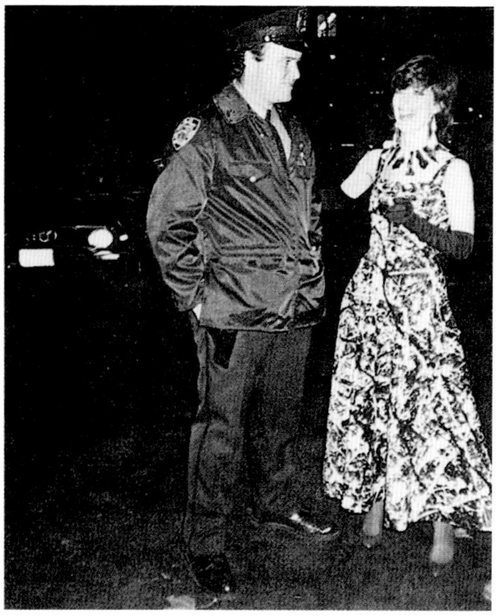

Gracie Mansion portant la robe Jackson Pollock de Mike Bidlo, 1982
Photographie : Gary Azon

Jackson Pollock 1912–1956
Biographie

1912 Paul Jackson Pollock naît le 28 janvier à Cody dans le Wyoming. Il est le cinquième fils de Stella May McClure et de LeRoy Pollock. La famille quitte Cody en novembre et s'installe à National City, Californie, près de San Diego. C'est le premier de nombreux déménagements.

1913–1928 La famille change huit fois de domicile à l'intérieur de la Californie.

1921 Charles, un frère plus âgé, se rend à Los Angeles et travaille pour le « Los Angeles Times ».

1922 Charles envoie régulièrement à ses parents la revue « The Dial », ce qui permet à Jackson de faire connaissance avec l'art moderne.

1926 Charles s'inscrit à la Art Students League de New York dans la classe de peinture de Thomas Hart Benton.

1927 Jackson et son frère Sande (Sanford) travaillent comme assistants topographes dans le Grand Canyon (illustration en bas à droite). Premier contact avec l'alcool. Durant l'automne, il agresse en état d'ébriété un officier du Reserve Officer's Training Corps (ROTC) et est chassé de l'école par la suite.

1928 Stella s'installe avec les enfants à Los Angeles ; LeRoy reste à Riverside, pendant que Frank, un des frères Pollock, se rend à New York. Jackson suit les cours de Frederick John de St. Vrain Schwankovsky à la Manual Arts High School et découvre grâce à lui l'art abstrait et la pensée théosophique de Krishnamurti et de Rudolph Steiner. Il est considéré comme un solitaire et cultive une allure de dandy (illustration en bas à gauche).

1929 Jackson est renvoyé de la Manual Arts High School. Il rend visite à son père à Santa Ynez, en Californie, mais le père et le fils en viennent aux mains, et le séjour s'achève. Il réintègre la Manual Arts High School. Il découvre l'œuvre de Diego Rivera en lisant la revue « Creative Arts ».

1930 Nouveau renvoi. Jackson se rend avec ses frères Charles et Frank au Pomona College, Claremont, Californie, pour voir la peinture murale *Prometheus* de José Clemente Orozco. En septembre, Jackson suit ses frères à New York et s'inscrit d'abord dans la classe de sculpture de Ahron Ben-Schmuel à la Greenwich House, puis aux cours de peinture de Thomas Hart Benton à la Art Students League. En

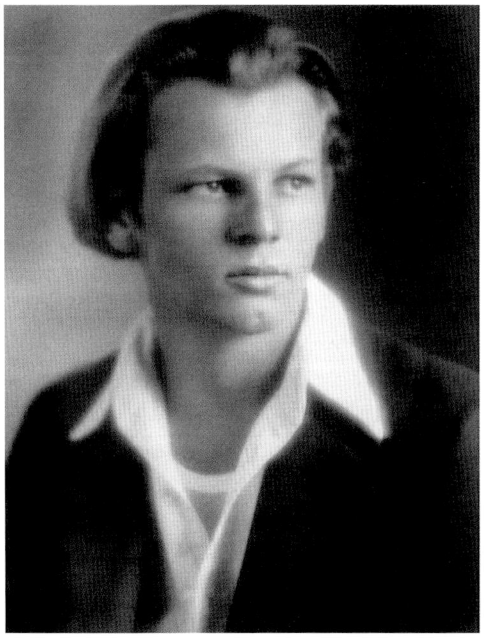

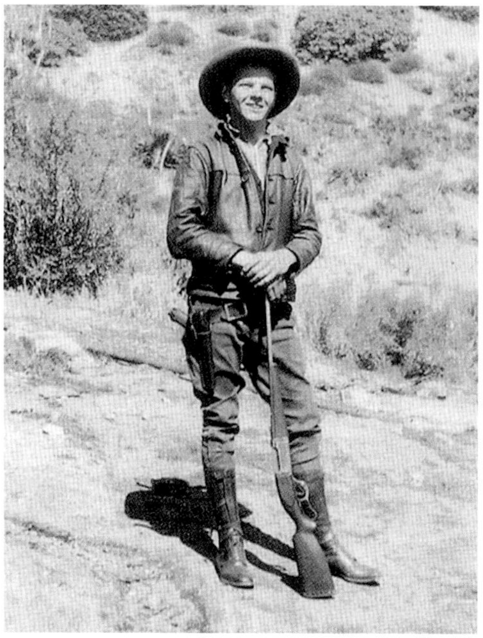

ILLUSTRATION A GAUCHE :
Jackson Pollock étudiant à la Manual Arts High School, Los Angeles, 1928
Photographie : Lee Ewing © Archives of American Art, Smithsonian Institution

ILLUSTRATION CI-CONTRE :
Pollock dans le sud de la Californie, vers 1927/28
Photographie : Lee Ewing © Archives of American Art, Smithsonian Institution

VILLE DE SAINT-JÉRÔME

CATALOGUE EN LIGNE / SERVICE AUX ABONNÉS
Bibliothèques M.A.F. / C.E.G. / F.M.V.

POUR ACCÉDER AU SITE DE LA VILLE

- *www.vsj.ca*
- *choisir **« Liens rapides »***
- *ensuite **« Menu déroulant »***
- *descendre jusqu'à **« Bibliothèques »***
- *appuyer sur **« Go »** et*
- *opter pour **« Catalogue en ligne »***

ou *descendre jusqu'à la **photo de gauche** illustrant les étagères d'une **bibliothèque** et **cliquer sur cette dernière***

POUR LE SERVICE AUX ABONNÉS

- *cliquer sur **« services »***
- *ensuite **« votre compte »***

NUMERO D'ABONNE	*Entrez votre numéro de client (celui apparaissant sur votre carte d'abonné)*
MOT DE PASSE	*Entrez votre mot de passe (date de naissance : année/mois/jour sans tiret ex. 20100123)*

Veuillez respecter les caractères majuscules et minuscules

- *Cliquez sur valider pour débuter la session*

ou

- *Cliquez sur effacer pour recommencer l'entrée de vos données*

MA ZONE	*À partir de la page **« Ma zone »** vous pouvez consulter : vos prêts en cours, vos réservations en cours de même que les messages envoyés par le personnel de la bibliothèque ;*
ACCUEIL COMPTE	*En cliquant sur l'icône **« Accueil compte »** vous pouvez visualiser vos informations personnelles et les modifier au besoin.*
CHANGER MOT DE PASSE	*En cliquant sur l'icône **« Changer mot de passe »** vous pouvez modifier votre mot de passe vous permettant d'accéder au « Service aux abonnés » ;*
COMPTE	*En cliquant sur l'icône **« Compte »** vous obtenez un aperçu détaillé des amendes non payées et de toute autre imputation inscrite à votre dossier ;*
RENOUVELLEMENT	*Dans **« Prêts »** cliquer sur l'icône **« Prolonger ce prêt »** ou l'icône **« Tout prolonger »**. Un seul renouvellement est permis. Le système peut refuser un renouvellement si le document est réservé par un autre usager ou si le document est en retard. Un message vous sera donné par le système ;*
RESERVATIONS	*Quand vous faites une recherche dans le catalogue, après avoir accédé au document voulu, vous pouvez le réserver en cliquant sur l'icône **« Réservation »** en haut de votre page. Ne pas oublier de choisir la succursale où vous irez chercher votre demande et de confirmer la réservation.*
SUGGESTION D'ACHAT	*En cliquant sur l'icône **« Suggestions »** vous pouvez envoyer une suggestion d'achat au personnel de la bibliothèque ;*
PAGE PRECEDENTE	*En cliquant sur l'icône **« Page précédente »** vous revenez à votre dernière action.*

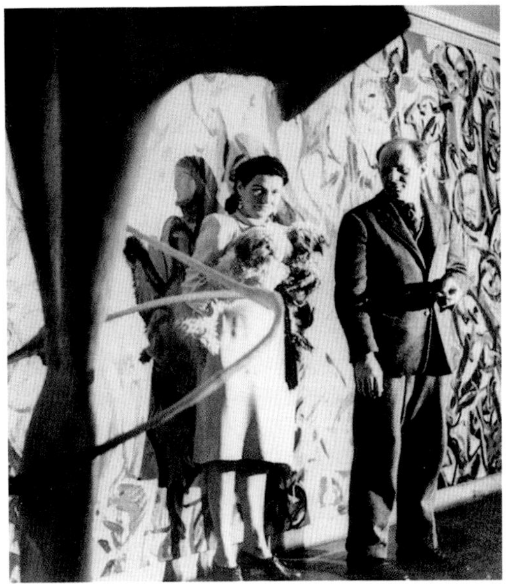

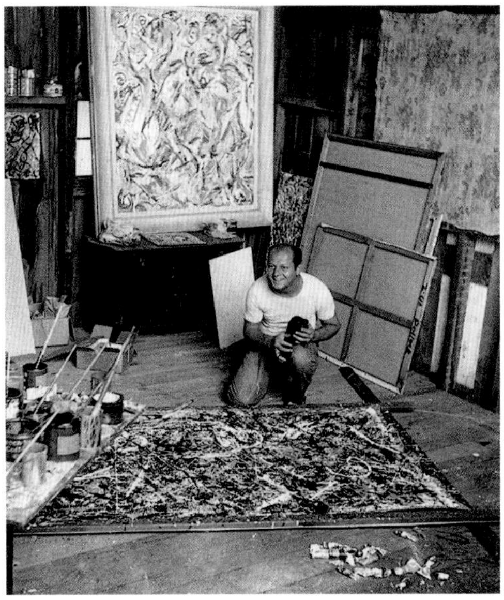

ILLUSTRATION A GAUCHE :
Peggy Guggenheim et Jackson Pollock devant *Mural*, que Peggy avait commandé en 1943 pour sa maison new-yorkaise
Photographie : Mirko Lion, Courtesy of the Eugene V. Thaw Archive © The Solomon R. Guggenheim Foundation, New York

ILLUSTRATION CI-CONTRE :
Pollock avec son tableau *Alchemy*, 1947
Photographie : Wilfred Zogbaum © Archives of American Art, Smithsonian Institution

ILLUSTRATION EN BAS :
Jackson Pollock avec David Alfaro Siqueiros (au centre) et George Cox pendant la May Day Parade, New York, 1936
© Archives of American Art, Smithsonian Institution

novembre, Orozco commence à réaliser une peinture murale dans la cafétéria de la New School for Social Research 66 West 12th Street.

1931 En été, Jackson Pollock et son ami Manuel Tolegian se rendent en stop à Los Angeles. Il revoit ici ses camarades de classe Philip Guston et Reuben Kadish. En automne, il commence à suivre les cours de peinture murale de Thomas Hart Benton qui lui donne aussi des cours privés. Pollock se montre violent envers les femmes mais aussi envers des amis comme Tolegian.

1932 En été, Jackson se rend à Los Angeles où il fait la connaissance de David Alfaro Siqueiros. De retour à New York, il s'installe chez son frère Charles et son épouse Elizabeth dans la Carmine Street. Benton quitte New York en décembre.

1933 Jackson fréquente diverses classes de dessin et de sculpture. Son père meurt le 6 mars. Il s'installe avec Charles et Elizabeth au 46 East 8th Street. Il assiste à l'élaboration de la fresque de Diego Rivera pour le bâtiment du RCA au Rockefeller Center, fresque qui sera bientôt détruite car considérée comme de la propagande communiste. En automne, Jackson s'installe dans un appartement de la 58th Street et essaie de vivre seul.

1934 Jackson rend visite aux Benton dans leur propriété sur l'île de Martha's Vineyard à Childmark, Massachusetts. Il y passera tous les étés jusqu'en 1937. Avec Charles, il traverse l'Ouest américain pour la quatrième fois en cinq ans. En octobre, il emménage avec son frère Sande dans un appartement de la Houston Street. Il travaille dans l'équipe d'entretien de la City and Country School.

1935 Jackson restaure des monuments pour gagner sa vie. Benton quitte New York pour Kansas City. Jackson et Sande s'inscrivent aux cours de peinture murale de la Federal Arts Project de la Works Progress Administration.

1936 Jackson participe au workshop du muraliste Siqueiros « Laboratory of Modern Techniques in Art » (illustration ci-dessous). Après le mariage de Sande avec Arloie Conaway, ils vivent à trois dans l'appartement de la 8th Street. Avec Sande et Philip Guston, Pollock se rend au Dartmouth College, Hanover, New Hampshire, pour voir la peinture murale d'Orozco *The Epic of American Civilization.*

1937 Sande réussit à convaincre Jackson de commencer un traitement

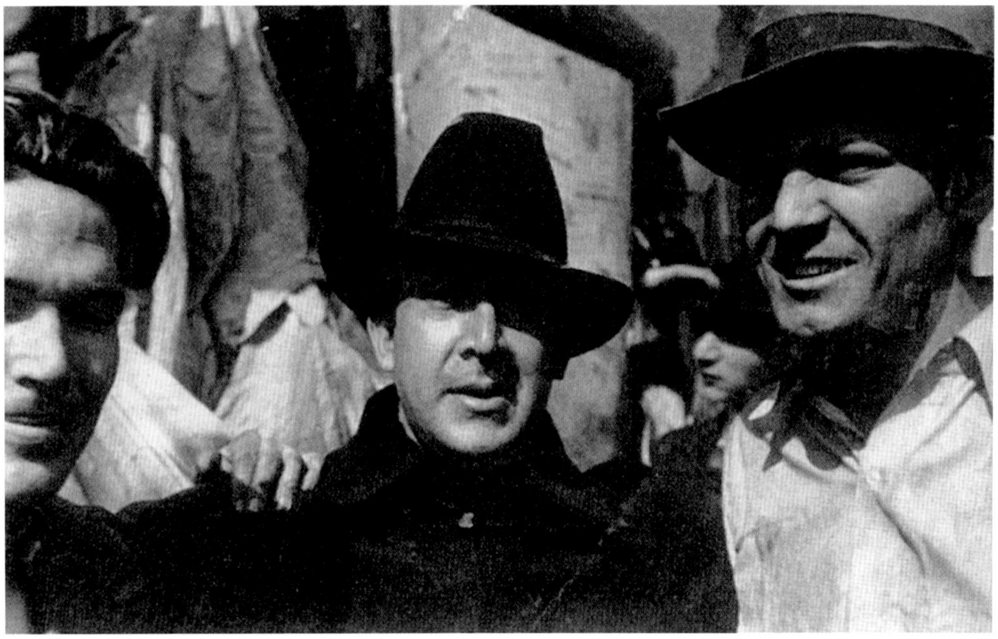

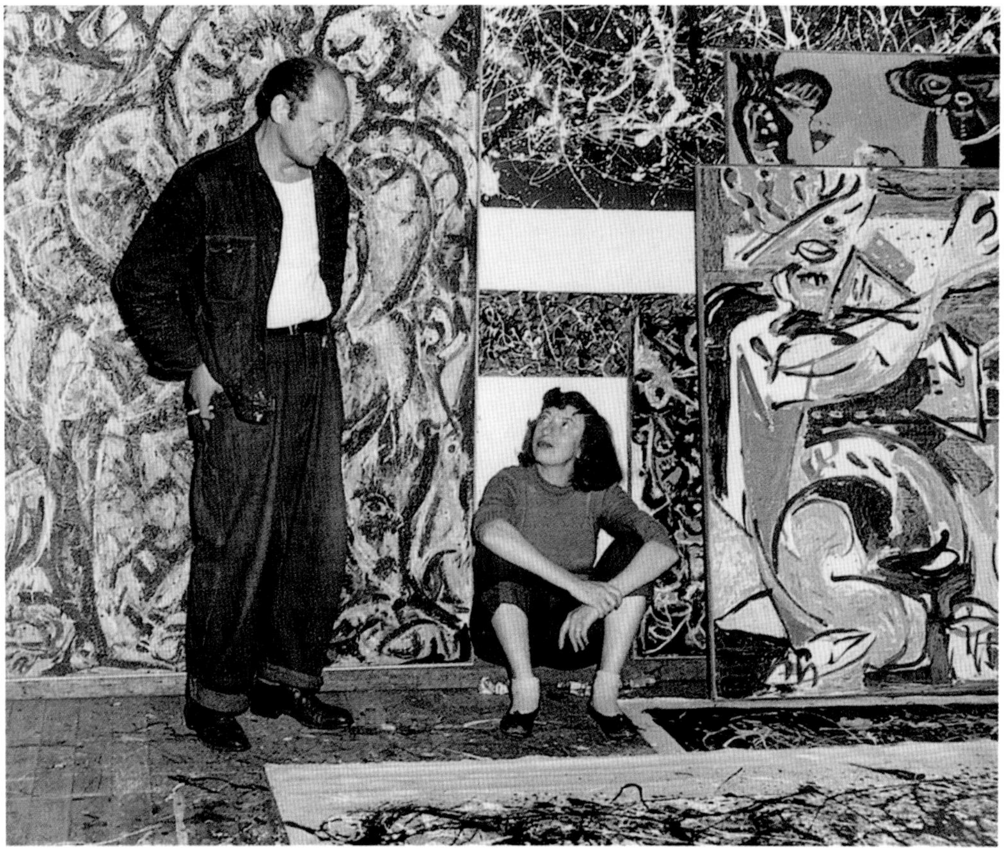

ILLUSTRATION A GAUCHE :
Jackson Pollock avec Lee Krasner dans son atelier, 1949
Photographie : Lawrence Larkin © Archives of American Art, Smithsonian Institution

ILLUSTRATION CI-DESSOUS :
Jackson Pollock, 1953
Photographie : Tony Vaccaro

ILLUSTRATION PAGE 95, EN HAUT :
Les « Irascibles » dans une photographie de 1950 publiée dans *Life* le 15 janvier 1951
Photographie : Nina Leen / *Life Magazine*
© Time Life Pictures / Getty Images

pour guérir son alcoolisme. Il expose une aquarelle à la galerie de la WPA. En hiver, il va au Kansas rendre visite à Benton et à Detroit où son frère Charles travaille comme illustrateur.

1938 Jackson est exclu de la WPA pour cause d'absences répétées. De juillet à septembre, il fait une cure de désintoxication au Bloomingdale Asylum de White Plains.

1939 Il commence une analyse chez le Dr Joseph L. Henderson, un psychanalyste jungien qui utilise ses dessins et ses esquisses pendant les séances. En mai, il voit *Guernica* de Picasso à la Valentine Gallery.

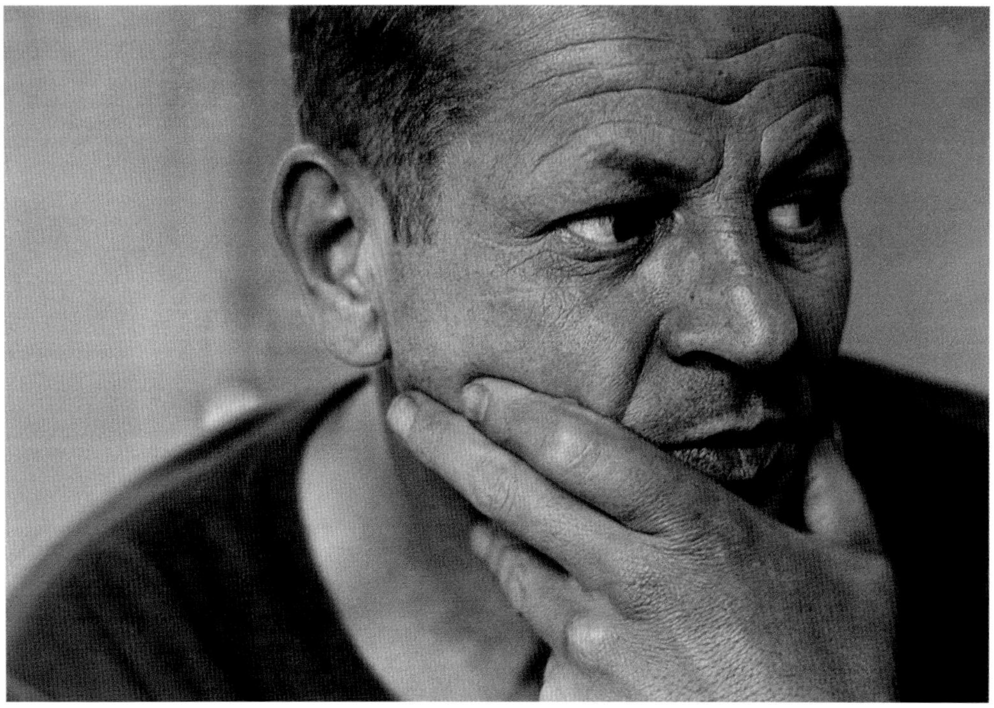

1940 Jackson regarde Orozco réaliser une peinture pour l'exposition « Twenty Centuries of Mexican Art » au Museum of Modern Art. Jackson poursuit son analyse chez le Dr Violet Staub de Laszlo.

1941 Jackson voit l'exposition « Indian Art of the United States » au Museum of Modern Art et regarde les artistes Navajos réaliser des peintures de sable sur le sol du musée. Il fait la connaissance de Lee Krasner.

1942 Première participation importante à une exposition, « American and French Painting », qui comprend aussi des œuvres de Lee Krasner. Celle-ci vient vivre en août dans l'appartement de la East 8th Street après que Sand et sa femme sont partis vivre dans le Connecticut. Elle lui procure divers boulots à la WPA. A la fin de l'année, il nettoie des rouleaux dans une imprimerie. Il achève son analyse chez de Laszlo.

1943 Pollock travaille comme gardien au Museum of Non-Objective Painting. Piet Mondrian persuade Peggy Guggenheim d'exposer *Stenographic Figure* dans le « Spring Salon for Young Artists » organisée dans sa galerie Art of This Century. Première exposition personnelle chez Peggy Guggenheim. A la fin de l'année, il peint *Mural* pour sa maison de la East 61st Street (illustration page 93, en haut à gauche).

Bonne lecture

PRETS EN COURS EN DATE DU :
25-08-2013 13:49
Pour : Laurin, Serge
No d'abonné : 0000200 [illegible]

Jackson Pollock, 1912-1956 : à la l...
759.13 P776 Xe
Échéance : 29-09-2013 [illegible]

Nombre de documents : 1

1944 Le Museum of Modern Art achète *The She-Wolf.* Pollock et Krasner passent l'été à Provincetown, Massachusetts. En automne, Pollock apprend la gravure à l'Atelier 17 de Stanley William Hayter. Krasner le pousse à entamer un traitement homéopathique. Sidney Janis publie *The She-Wolf* dans son livre « Abstract and Surrealist Art in America ».

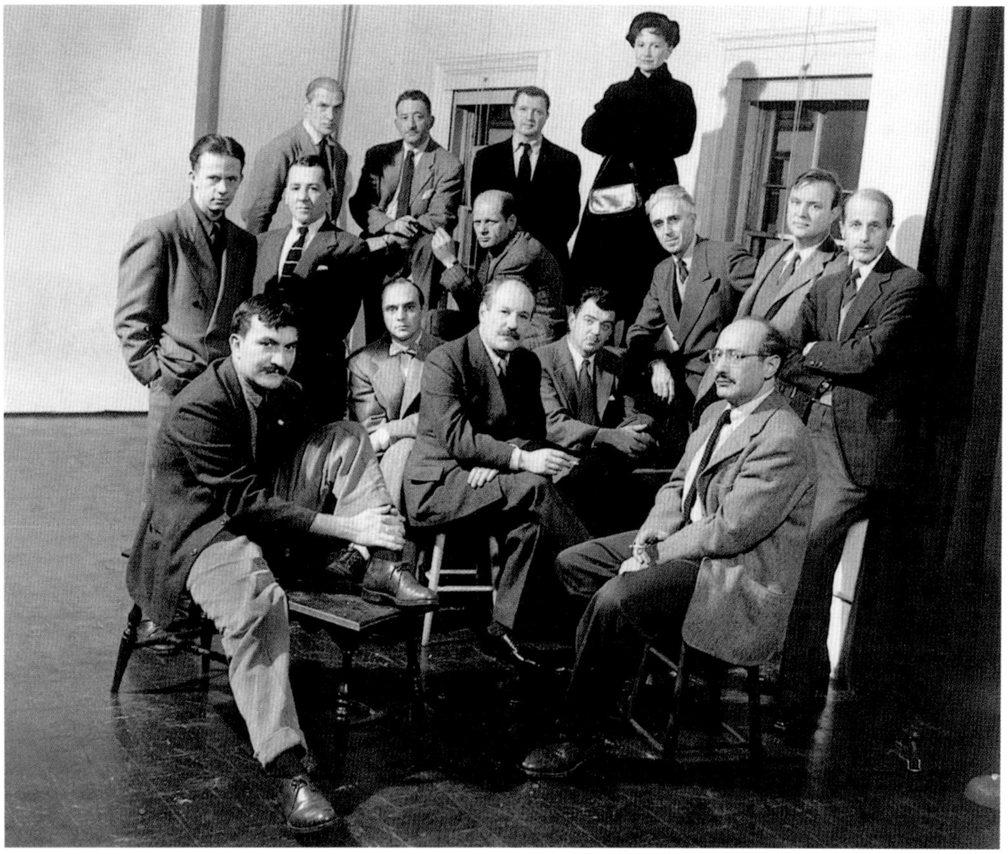

1945 Lee Krasner et Jackson Pollock s'unissent le 25 octobre et s'installent le 5 novembre à The Springs, East Hampton, Long Island.

1946 Première participation à la « Annual Exhibition of Contemporary American Painting » du Whitney Museum.

1947 Premiers drippings. Quatrième et dernière exposition personnelle à la galerie Art of This Century. Peggy Guggenheim décide de retourner en Europe. *Mural* est exposé dans le cadre de l'exposition « Large Scale Modern Paintings » au Museum of Modern Art. La *Galaxy* de Pollock est présentée au Whitney Annual.

1948 Première exposition particulière chez Betty Parsons. La collection de Peggy Guggenheim, qui comprend six tableaux de Pollock, est présentée à la Biennale de Venise. Fait la connaissance de Tony Smith. Le traitement prescrit par le Dr Edwin Heller lui réussit.

1949 Fait la connaissance d'Alfonso Ossorio. Le 8 août paraît dans « Life » un article intitulé : « Jackson Pollock : Is he the greatest living painter in the United States ? » Pollock présente un tableau à l'exposition « The Intrasubjectives » à la Samuel Kootz Gallery de New York. L'exposition (avec e. a. des œuvres d'Arshile Gorky, Willem De Kooning, Robert Motherwell, Ad Reinhard, Mark Rothko) contribue à former le mouvement de l'expressionnisme abstrait. Pollock montre *Number 14, 1949* à la Whitney Annual.

1950 Le Museum of Modern Art acquiert *Number 1 A, 1948*. Edwin Heller meurt dans un accident de voiture. Pollock participe à une protestation contre la politique d'exposition du Metropolitan Museum of Art. Participation à la Biennale de Venise. Avec Alfonso Ossorio et Tony Smith, projet de construction et d'aménagement d'une église catholique à Long Island (non réalisé). En juillet et août, photos de Hans Namuth. Exposition personnelle avec des œuvres de la collection Guggenheim au Museo Correr, Venise. Participe à l'exposition des « Young Painters in the U.S. & France » à la Sidney Janis Gallery, organisée par Leo Castelli. Pollock présente *Number 3, 1950* à la Whitney Annual. Namuth termine son film sur le travail de Jackson Pollock. Recommence soudain à boire.

1951 Une photo des « Irascibles » qui ont protesté contre la politique d'exposition du Metropolitan Museum paraît dans « Life » (illustration en haut). « Vogue » publie des photos de mode de Cecil Beaton avec des tableaux de Pollock en arrière-plan (illustration page 81). Participation à l'exposition « Abstract Painting and Sculpture in America » au Museum of Modern Art. Michel Tapié expose *Number 8, 1950* à la Galerie Nina Dausset, Paris. Première du film de Namuth au Museum of Modern Art.

1952 Ossorio organise une exposition au studio Paul Facchetti à Paris. Pollock participe à l'exposition « 15 Americans » au Museum of Modern Art. En mai, Pollock passe un contrat avec la Sidney Janis Gallery ; première exposition personnelle. « A Retrospective Show of the Paintings of Jackson Pollock », organisée par Clement Greenberg, est présentée au Bennington College, Bennington, Vermont.

1953 Participe à l'exposition « 12 Peintres et Sculpteurs Américains Contemporains » au Musée national d'Art moderne, Paris. L'exposition sera ensuite présentée à Zurich, Düsseldorf, Stockholm, Helsinki et Oslo. Pollock présente *Number 5, 1952* à la Whitney Annual.

1954 Pollock ne peint presque plus. Deuxième exposition personnelle chez Sidney Janis.

1955 En automne, Lee Krasner présente une exposition personnelle à la Stable Gallery. Troisième exposition personnelle chez Sidney Janis. Les nouveaux travaux étant rares, elle est conçue comme une vue d'ensemble de l'œuvre.

1956 Depuis 18 mois, Pollock ne peint plus et a pris beaucoup de poids. En mai, il est informé que le Museum of Modern Art projette une rétrospective de son œuvre. En juillet, Lee Krasner s'envole pour l'Europe. Pendant son absence, Ruth Kligman, une jeune artiste new-yorkaise emménage à The Springs. Le 11 août, Pollock, ivre, perd le contrôle de sa voiture et s'écrase contre un arbre. Il meurt ainsi que Edith Metzger, une amie de Ruth Kligman qui sera, elle, gravement blessée. L'exposition prévue par le Museum of Modern Art est présentée du 19 décembre 1956 au 3 février 1957 comme un hommage posthume.

Bibliographie

Claude Cernuschi, *Jackson Pollock: Psychoanalytic Drawings,* Londres, 1992

Claude Cernuschi, *Jackson Pollock, Meaning and Significance,* New York, 1993

Ellen Frank, *Jackson Pollock,* New York, 1983

Pepe Karmel, *Jackson Pollock – Interviews, Articles and Reviews,* New York, 1998

Ellen G. Landau, *Jackson Pollock,* New York, 1989

Jeremy Lewinson, *Interpreting Pollock,* Londres, 1999

Hans Namuth, *L'atelier de Jackson Pollock,* Paris, 1978

Steven W. Naifeh, Gregory White Smith, *Jackson Pollock – An American Saga,* Londres, 1991

Jackson Pollock. Catalogue Raisonné of Paintings, Drawings and other Works, 4 vols., Yale University Press, 1978

Jackson Pollock, Zeichnungen, cat. exp. Württembergischer Kunstverein, Stuttgart, 1990

Regine Prange, *Jackson Pollock, Number 32, 1950 – Malerei als Gegenwart,* Francfort, 1996

Kirk Varnedoe, Pepe Karmel, *Jackson Pollock,* cat. exp. The Museum of Modern Art, New York, 1998 / Tate Gallery, Londres, 1999

Crédits photographiques

La maison d'édition remercie les musées, les collections privées, les archives et les photographes pour leur autorisations de reproduction et leur aimable soutien lors de la réalisation de ce livre.

© Archiv für Kunst und Geschichte, Berlin : pages 8/9, 24, 36/37, 56/57, 67, 82, 83, 94 en bas ; © Archives of American Art, Smithsonian Institution, Washington, DC : pages 7, 92, 93 en haut à droite, 93 en bas, 94 en haut ; ARTOTHEK : pages 15, 16, 18, 21, 84/85, 90 ; Photograph © Gary Azon : page 91 ; Cecil Beaton / *Vogue* © Condé Nast Publications Inc. : page 81 ; © Hirshhorn Museum and Sculpture Garden, Smithsonian Institution, Washington, DC, Photograph by Lee Stalsworth : page 62 ; Photo : Walter Klein : page 76 ; Photograph © 1980 The Metropolitan Museum of Art, New York : page 12 ; Photograph © 1985 The Metropolitan Museum of Art, New York : pages 78/79 ; Photograph © 1998 The Metropolitan Museum of Art, New York : pages 40/41, 70 ; Photograph © 2002 The Metropolitan Museum of Art, New York : page 28 en haut à droite ; Digital Image © The Museum of Modern Art, New York / Scala, Florence : pages 11, 31 en haut, 31 en bas, 42, 43, 52/53, 55, 59, 60 en haut, 63, 64, 77 ; © Hans Namuth Ltd., New York : pages 65, 74/75 ; Photo : Horstheinz Neuendorff, Baden-Baden : page 50 ; New Britain Museum of Art, Photo credit : E. Irving Blomstrann : page 13 ; © Arnold Newman / Getty Images : pages 2, 87 ; Photograph © 2003 The Solomon R. Guggenheim Foundation, New York : pages 35, 58 (David Heald), 93 à gauche ; © Tate, Londres 2003 : pages 20, 68/69 ; © Time Life Pictures / Getty Images : page 95 ; © Virginia Museum of Art, Richmond, Photo : Ron Jennings : page 73 en haut ; Courtesy Joan T. Washburn Gallery, New York : pages 1, 19.